KB066725

**2023**
**기후 전망과 전략**

# 2023
# 기후
# 전망과
# 전략

녹색전환연구소 엮음

10인과의 대화

착한책가게

# 차 례

머리말

# 기후위기의 시대,
# 우리는 어디로 어떻게 가야 할까

2023년 2월 8일, 녹색전환연구소는 '2023 기후 전망과 전략-10인과의 대화'를 열었습니다. 우리 사회 다양한 분야에서 기후위기와 관련한 전망을 듣고, 앞으로 무엇을 해야 하는지 방향을 잡아보자며 시작한 기획이었습니다. 강연의 참여자를 모집하기 시작하자 놀라운 반응이 왔습니다. 단 이틀 만에, 당초 예약한 행사장의 수용 규모인 70명의 신청자가 접수했고, 100명 정도를 수용할 수 있는 곳으로 장소를 옮기자 수도권 외 지역에 거주하는 시민들이 온라인 생중계를 요청했습니다. 이를 수용하여 대면과 비대면 송출을 동시에 하겠다고 안내하니 어느새 1,300여 명의 참가 신청자가 모였습니다.

'왜 이렇게 반응이 뜨거웠을까?'

예상치 못한 관심에 얼떨떨하면서도 이 질문을 던지지 않을 수 없었습니다. 강의가 마무리되고 참가자들은 기후위기와 관련한 다양한 주제에 대한 전문적인 강의를 들을 수 있어서 좋았고, 이를 통해 기후위기와 사회 변화의 흐름을 이해할 수 있어 만족스러운 행사였다는 평가를 여러 경로로 전해줬습니다. 사회 각 분야가 기후위기로 인해 어떤 영향을 받고 있으며 이에 어떻게 대응하고 있는지, 모두가 이런 이야기를 나눌 공간이 필요했던 것입니다. '불확실성'이라는 단어로 시작한 2023년에 말입니다.

잠깐 돌이켜보면 올해 들어 러시아의 우크라이나 침공에 의한 전쟁이 계속되고, 에너지 위기와 원자재 가격 상승이 경기 침체와 에너지 원가 상승으로 이어져 실질소득은 줄고 난방비는 올랐습니다. 역대급 한파였는데도 보일러 온도를 높이는 것을 주저하게 되던 때였습니다. 모든 경제지표와 정세가 기후위기를 등에 업고 불안과 위험을 향한다는 것도 분명해졌습니다. 위기는 분명한데 답을 구할 곳이 없었던 시기, '10인과의 대화'에서 시민들은 답답함을 해소하고 싶었나 봅니다.

'위기에 대한 진단'은 조천호 경희대학교 기후변화 특임교수, 황수영 참여연대 평화군축센터 팀장 그리고 김동훈 라이프라인코리아 대표를 통해 이뤄졌습니다. 산업화 이전과 비교했을 때 지구의 평균온도가 1℃ 상승한다면 고속도로에서 자동차가 100km로 달리는 것에 비유할 수 있다는 점에서 이를 넘어선 1.5℃ 혹은 2℃의 상승은 전 지구 차원의 위험을 의미합니다. 이러한 위험은 군사적 긴장에 영향을 미치고, 군사적 안보 불안은 또다시 식량과 에너지 위기를 가속하는 결과로 이어집니다. 또 다른 한쪽에서는 폭염, 한파, 홍수와 산불, 태풍이 더 크고 복합적으로 구성되는 재난으로 이어집니다.

이 위기 상황에 우리에게 필요한 것은, 경제를 팽창시켜 더 많은 소비를 불러오는 것이 아니라 생산과 소비를 기후위기에 대응하도록 하는 경제정책임을 김병권 독립연구자가 설명하였습니다. 이러한 변화의 한 흐름으로서 오랫동안 산업계에 환경 컨설팅을 해온 이한경 에코앤파트너스 대표가 최근 산업과 금융권의 기후위기 대응의 변화를, 기후위기 시대 노동의 변화와 전환에 대한 사회적 요구를 노동 분야의 정책연구자이자 활동가인 김종진 유니온센터 이사장이 다뤘습니다.

이런 흐름에 조응하기 위한 국가 에너지 정책의 방향과 언론 그리고 정치의 역할을 이주헌 사단법인 넥스트 수석정책전문위원과 〈시사IN〉 김다은 기자, 그리고 녹색전환연구소의 김혜미 연구원이 이야기하였습니다.

녹색전환연구소가 이 기획을 시작할 때에는 우리나라의 최상위 기후대응 정책인 '탄소중립·녹색성장 기본계획'에 대한 관심을 불러일으키기 위한 목적도 있었습니다. 이는 기후와 관련한 단순한 환경 정책이 아닙니다. 교통과 수송, 상품의 제조와 서비스, 농업과 축산 그리고 이 모든 것에 필요한 에너지를 공급하는 발전 등 사실상 경제 활동으로 인해 배출되는 온실가스를 각 영역에서 얼만큼씩 줄일 것인지를 결정하기 때문입니다. 이는 경제계획이면서 환경계획이고, 특정 산업과 긴밀하게 연결된 지역경제, 지역계획과 맞물려 있을 수밖에 없는 국가계획입니다. 향후 20년 한국의 경제, 산업, 지역과 환경 전반에 영향을 미치게 될 중차대한 국가계획이 3월에 결정되어야 한다면 우리가 모였던 그 시기는 어느 때보다 활발하게 국가계획에 대한 사회적 논의가 이뤄져야 하는 시점이었습니다.

위기는 분명했지만, 우리가 이 위기의 어디에 있는지, 국가적 노력이 어디를 향하는지 모호했을 때 녹색전환연구소는 과학, 국제정세, 재난, 경제와 금융, 에너지 정책과 노동 그리고 정치와 언론 분야의 전문가들과 시민들이 함께 모이는 자리를 만들었습니다.

2023년 3월 20일, 부산에서 관측 이래 102년 만에 가장 이르게 벚꽃이 피었다고 합니다. 그리고 같은 날, '기후변화에 관한 정부간 협의체(IPCC, Intergovernmental Panel on Climate Change, 이하 IPCC)'가 6차 종합보고서를 발표하였습니다. 기후위기의 영향과 대응에 대한 과학적 평가를 제시함으로써 전 세계 기후위기와 관련한 정책과 의사 결정에 교과서 역할을 해온 IPCC는 지구 평균온도가 산업화 이전에 비해 1.1℃ 상승했고 1.5℃ 상승은 2030년쯤일 것이라는 시나리오를 제시했습니다. 따라서 앞으로 10년, IPCC는 전 인류가 지구 평균온도 상승을 1.5℃로 제한하기 위한 '기회의 창'이 닫히지 않도록 절박한 노력을 사회 전 분야에서 다해야 한다고 강조합니다.

'기회의 창'이 닫히지 않도록 하기 위한 전 사회의 노력에 있어 한국도 예외일 수 없습니다. 102년 만에 가장 이르게 벚꽃이 피고, IPCC가 기후위기에 대한 전 인류의 절박한 노력을 호소한 다음날인 2023년 3월 21일, 윤석열 정부는 '탄소중립·녹색성장 기본계획'을 발표했습니다. 그런데 산업, 즉 기업들의 온실가스 감축량을 지난 계획보다 상당히 완화하였습니다. 기업의 기후위기 책임을 풀어주면서, 효과가 증명되지 않은 국제감축과 이산화탄소 포집 및 저장 기술에 기댄 온실가스 저감을 이야기합니다. 가장 확실한 방법인 재생에너지 확대와, 기후위기로 인한 충격을 완화하고 회피하기 위한 전환 계획과 보완책이 충분하지 않다는 비판이 이어집니다.

이런 상황에서 '2023년 기후 전망과 전략'을 다시 꺼냅니다. 지난 2월 8일 천여 명의 시민들이 큰 호응을 보인, 전문가 10명의 이야기를 다시 정리했습니다. 그리고 그날 사회를 맡았던 이유진 녹색전환연구소 부소장이 윤석열 정부의 '탄소중립·녹색성장 기본계획'에 대한 해제를 덧붙였습니다. 이렇게 10인과의 대화를 다시 채웠습니다. 기후위기의 시대에 우리가 어디에 있고 어디로 가야 할지를 함께 고민하는 데 이 책이 도움이 되기를 바랍니다.


많은 시민들의 관심에 용기를 얻어, 녹색전환연구소는 '기후위기 전망과 전략 - 10인과의 대화'를 매해 이어가려고 합니다. 꼭 짚어야 하는 기후위기와 관련한 사회 변화를 조망하고, 이를 바탕으로 시민들과 함께 우리가 어떻게 한 해를 또 살아야 할지 논의하려고 합니다. 특히 내년, 2024년은 국회의원을 선출하는 총선이 있습니다. 기후위기 시대, 한국 사회의 정치지형 안에서 우리는 무엇을 기대하고 요구할 수 있을까요? 녹색전환연구소는 내년에도 기후위기의 관점으로 사회를 재해석하고 기후위기가 만들어내는 사회 변화에 대비하기 위한 시간을 준비하겠습니다. 많은 관심 부탁드립니다.

2023. 5.
녹색전환연구소

* '2023 기후 전망과 전략 - 10인과의 대화'를 유튜브에서 검색하시면 강의를 다시 보실 수 있습니다.

# 기후위기로 인한 파국은
# 어떻게 일어나는가
## - IPCC 6차 평가보고서를 중심으로

**조천호** | 전 국립기상과학원장

IPCC 6차 평가보고서에서 기후위기를 어떻게 전망하고 있으며
이 위기에서 벗어나려면 어떻게 해야 한다고 보는가

우리는 지구 평균기온이 1.5℃나 2℃ 이상 상승하면 위험하다고 알고 있습니다. IPCC 6차 과학 평가보고서(WG I)에서는 급변적으로 회복할 수 없는 위험이, 현재 가지고 있는 증거로는 21세기 이후에나 일어날 것으로 봅니다. 그러나 이번 세기 안에 맞이할 수 있는 1.5℃나 2℃ 이상 기온 상승이 실제 일어나면 파국적인 위험에 빠질 가능성이 있다고 전망합니다. 과학적 증거는 부족하지만, 가능성이 있는 급변적이고 회복 불가능한 파국적 위험을 어떻게 이해해야 할까요? 그리고 이런 상황에서 어떻게 기후위기에 대응해야 할까요?

## 지구가열에 따른 우려 요인

우리가 전망하는 미래 기후는 하나가 아니라 여러 가지입니다. 왜 그럴까요? 신생대인 지난 6,500만 년 동안 자연에서는 1,000년에 1℃ 상승이 가장 빠른 기온 상승 속도였습니다. 인류는 화석연료를 태워 지난 100년 동안 1℃를 상승시켰죠. 즉, 인류에 의한 기온 상승 속도는 자연보다 10배나 빠릅니다. 이제 미래 기후는 자연이 아니라 인간에 의해 결정됩니다. 인간이 어떤 세상을 만드느냐에 따라 온실가스 배출량이 달라지기 때문이죠.

기온 상승에 따른 '안전'과 '위험'을 가르는 티핑 포인트를 명확하게 정하기는 어렵습니다. 1.5℃를 넘어서면 낭떠러지 아래로 바로 떨어진다기보다는 자동차 속도가 적정 수준을 넘어설수록 위험 발생이 급격히 커지는 것과 같습니다. 고속도로에서 시속 100km를 넘으면 위험이 커지기 시작하죠. 시속 150km를 넘으면 위험이 급격히 커집니다. 시속 200km를 넘으면 위험을 각오해야 하고 시속 300km를 넘으면 살 수 있는 확률이 거의 없죠. 시속 100km, 150km, 200km와 300km는 각각 기온 상승 1℃, 1.5℃, 2℃와 3℃인 경우와 마찬가지입니다. 그렇기에 안토니우 구테흐스 유엔 사무총장은 제27차 유엔기후변화협약 당사국총회(COP27)에서 "인류는 기후 지옥으로 가는 고속도로에서 가속 페달을 밟고 있다."고 경고했습니다.

지구가열 1.5℃ 목표는 1.5℃까지만 안전하고 1.5℃를 넘으면 파국이 일어나므로 더 이상 막을 가치가 없다는 의미가 아닙니다. 1.4℃에서 막으면 1.5℃보다 안전합니다. 1.6℃로 제한하면 1.7℃ 나 1.8℃보다 낮고 2℃보다 훨씬 낫습니다. 0.1℃라도 그 상승을 막을 때마다 추가 위험을 피할 수 있습니다. 이는 1.5℃라는 고속도로 출구를 놓쳤다고 해도 다른 출구가 없는 것은 아니라는 말입니다. 1.6℃의 출구가 있고 이것을 놓치면 1.7℃의 출구가 있습니다. 출구를 놓칠수록 목표 지점을 더 돌아가게 되어 더 힘들지만, 여전히 고속도로에서 빠져나올 기회는 있습니다. 기후위기는 마지막 빠져나올 수 없는 그 순간까지도 분투해야 할 가치가 있는 것이죠.

IPCC 6차 과학 평가보고서(WG I)에서 미래 기후변화 시나리오 (Shared Socioeconomic Pathways, SSP)가 제시되었습니다. 이 세상이 지속가능하게 하려면 기온 상승을 1.5℃(SSP1-1.9)나 2℃(SSP1-2.6) 로 막아야 합니다. 그런데 현재 배출량 수준을 유지한다면 4℃ 상승할 것으로 전망합니다. 전 세계 대부분 나라는 이번 세기 말까지 기온 상승 2℃를 막기 위한 파리기후변화협약에 가입하였습니다. 이에 따라 각 나라는 '국가 온실가스 감축 목표(Nationally Determined Contribution, NDC)'를 국제적으로 약속하였죠. 그런데 이를 완벽히 지킨다고 해도 기온 상승이 2.5~3℃(SSP2)가 될 것으로 전망합니다. 국제적인 '국가 온실가스 감축목표' 상향 조정이 불가피한 상황입니다.

기온 상승이 1.5℃나 2℃를 넘게 되면 전 지구적으로 동시에 동일하게 위험이 일어나는 건 아닙니다. 그래서 기후변화 대응은 어디서 누가 무엇에 얼마나 어떻게 영향을 받을지, 그리고 어느 정도 취약성이 있는지를 알아야 하고 그에 맞게 대비책을 마련해야 합니다.

IPCC 6차 적응 평가보고서(WG II)는 다양한 부문에서 기후 위험 수준을 분석하였습니다. 5가지 항목으로 구성된 우려 요인(Reason For Concern, RFC)은 각 부문에서 기온 상승에 따라 지역에서 전 지구까지 여러 규모에 걸친 인간, 경제와 생태계에 누적되는 위험을 나타냅니다.

우려 요인의 첫 번째는 위협받는 고유시스템(RFC 1)입니다. 지구가 열이 심해짐에 따라 범위가 뚜렷하게 줄어드는 생태계와 지역에서 발생하는 위험입니다. 고유시스템은 이미 위험 수준에 놓여 있습니다. 기온 상승이 1.5℃를 넘으면 고위험에 빠질 것으로 전망합니다. 2℃ 상승을 넘어서면 적응 역량이 떨어지는 생물종뿐만이 아니라 이와 연계된 인간계와 자연계에 큰 위험이 일어날 것입니다. 그 대표적인 것이 산호초, 북극 해빙, 산악빙하와 생물다양성입니다.

다음으로는 극한 재난(RFC 2)입니다. 폭염, 홍수, 가뭄, 산불, 해안 침수 등 자연 재난은 건강, 생계, 자산과 생태계에 위험을 일으킵니다. 감지되기 시작한 이 위험은 1~1.5℃ 상승하면 급격히 커지고, 2℃ 상승하면 매우 심각한 단계로 진입할 것으로 전망합니다.

세 번째로는 기후영향의 분배(RFC 3)입니다. 기후변화로 인한 재난, 노출 또는 취약성이 특정 지역이나 집단에게 불평등하게 일어납

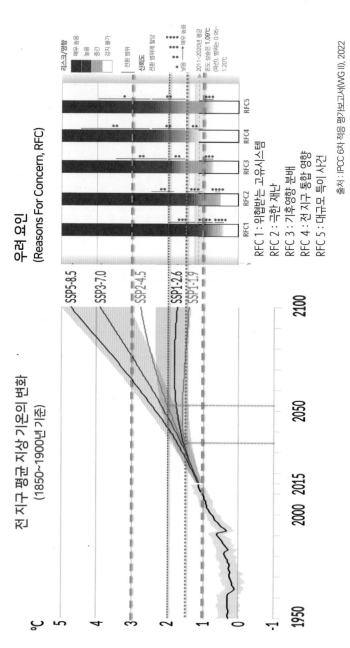

전 지구 평균 지상 기온의 변화
(1850~1900년 기준)

우려 요인
(Reasons For Concern, RFC)

RFC 1 : 위험받는 고유시스템
RFC 2 : 극한 재난
RFC 3 : 기후영향 분배
RFC 4 : 전 지구 통합 영향
RFC 5 : 대규모 특이 사건

지구가열과 적응하지 않은 상태에서 우려 요인의 수준

출처 : IPCC 6차 적응 평가보고서(WG II), 2022

니다. 특히 지역에 따라 식량 생산에 큰 차이가 생길 것입니다. 불평등한 위험은 1.5~2.0℃ 지구가열 수준에서 발생할 것으로 예상되며, 2.0~3.5℃에서 고위험에 빠질 것으로 전망합니다.

네 번째로는 전 지구 통합 영향(RFC 4)입니다. 경제 피해, 인명 피해, 생물다양성 감소 등 전 지구적인 단일 지표로 집계할 수 있는 사회경제생태 시스템에서 일어나는 위험입니다. 전 지구적으로 총체적인 영향은 지구가열 1℃에서 감지하는 수준이며, 1.5~2.5℃에서 위험에 들어서고 2.5~4.5℃에서 고위험에 빠지게 될 것으로 예상합니다.

마지막으로 대규모 특이 사건(RFC 5)입니다. 빙상 붕괴 또는 대서양 열염순환 속도 감소처럼 전 지구적으로 규모가 크고, 급변적이고, 돌이킬 수 없는 위험입니다. 대규모 특이 사건은 1.5~2.5℃와 2.5~4℃에서 각각 위험과 고위험 수준에 도달할 것으로 전망합니다.

## 2030년 전 세계 부분별 탄소 저감 수단

기후위기에 빠지지 않으려면 2050년 탄소중립에 도달해야 합니다. 여기에는 2030년 중간 목표가 있습니다. 2030년이면 새로 개발해야 하는 것이 아닌 지금 가지고 있는 기술로 해결해야 합니다. IPCC 6차 저감 평가보고서(WG III)에서는 현재 기술 수준으로도 다양한 부분에서 탄소를 저감할 수 있다고 봅니다. 온실가스 1톤당 비용이 100달러 이하인 탄소 저감 방법으로 2030년까지 2019년 수준의 절반 이상으로 전 지구 온실가스 배출량을 줄일 수 있다고 전망했습니다. 이중 온실가스 1톤당 비용이 20달러 미만인 탄소 저감 방법이 절반 이상을 차지하며, 여기에는 태양과 풍력 에너지, 에너지 효율 개선, 자연 생태계 파괴 감소, 그리고 메탄 배출 감축 등이 있습니다. 그리고 태양광과 풍력이 핵발전에 비해 9배 이상 온실가스를 줄일 수 있고 그 비용도 저렴하다고 분석했습니다. 이렇게 과학기술은 경제적으로 지구가열을 막을 수 있다고 봅니다. 과학기술이 할 수 있다고 제시한 이 목표의 달성 여부는 우리의 정치·사회적 의지에 따라 결정될 것입니다.

탄소중립은 우리나라 스스로 정한 과제가 아닙니다. 세계 주류 시장에 참가하려면 요청되는, 우리 외부로부터 강제되는 프레임입니다. 그 예가 바로 RE100과 탄소국경세이죠. 우리나라가 탄소중립을 달성하지 못한다면, 기후위기 이전에 경제위기를 겪을 가능성이 크다고 봅니다. 병든 지구에서 이윤 추구는 가능하지 않기 때문입니다. 그러므로 재생에너지 전환은 기후위기를 막기 위한 사회·윤리적 책무의 영역만이 아닙니다. 세계 시장에서 살아남을 것인지 도태할 것인지 결정하는 열쇠이기도 합니다. 재생에너지 꼴찌 수준인 우리나라가 현실 때문에 에너지 전환을 늦출 수밖에 없다는 것이 오히려 비현실적입니다.

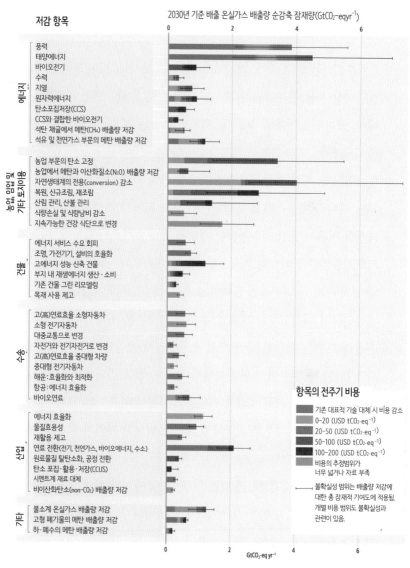

## 저감 항목

**2030년 기준 배출 온실가스 배출량 순감축 잠재량(GtCO₂-eqyr⁻¹)**

### 에너지
- 풍력
- 태양에너지
- 바이오전기
- 수력
- 지열
- 원자력에너지
- 탄소포집저장(CCS)
- CCS와 결합한 바이오전기
- 석탄 채굴에서 메탄(CH₄) 배출량 저감
- 석유 및 천연가스 부문의 메탄 배출량 저감

### 농업, 임업 및 기타 토지이용
- 농업 부문의 탄소 고정
- 농업에서 메탄과 이산화질소(N₂O) 배출량 저감
- 자연생태계의 전용(conversion) 감소
- 복원, 신규조림, 재조림
- 산림 관리, 산불 관리
- 식량손실 및 식량낭비 감소
- 지속가능한 건강 식단으로 변경

### 건물
- 에너지 서비스 수요 회피
- 조명, 가전기기, 설비의 효율화
- 고에너지 성능 신축 건물
- 부지 내 재생에너지 생산·소비
- 기존 건물 그린 리모델링
- 목재 사용 제고

### 수송
- 고(高)연료효율 소형자동차
- 소형 전기자동차
- 대중교통으로 변경
- 자전거와 전기자전거로 변경
- 고(高)연료효율 중대형 차량
- 중대형 전기자동차
- 해운: 효율화와 최적화
- 항공: 에너지 효율화
- 바이오연료

### 산업
- 에너지 효율화
- 물질효율성
- 재활용 제고
- 연료 전환(전기, 천연가스, 바이오에너지, 수소)
- 원료물질 탈탄소화, 공정 전환
- 탄소 포집·활용·저장(CCUS)
- 시멘트계 재료 대체
- 비이산화탄소(non-CO₂) 배출량 저감

### 기타
- 불소계 온실가스 배출량 저감
- 고형 폐기물의 메탄 배출량 저감
- 하·폐수의 메탄 배출량 저감

**항목의 전주기 비용**
- 기존 대표적 기술 대체 시 비용 감소
- 0-20 (USD tCO₂-eq⁻¹)
- 20-50 (USD tCO₂-eq⁻¹)
- 50-100 (USD tCO₂-eq⁻¹)
- 100-200 (USD tCO₂-eq⁻¹)
- 비용의 추정범위가 너무 넓거나 자료 부족

불확실성 범위는 배출량 저감에 대한 총 잠재적 기여도에 적용됨. 개별 비용 범위도 불확실성과 관련이 있음.

$GtCO_2\text{-eq yr}^{-1}$

출처 : IPCC 6차 저감 평가보고서(WG III), 2022

**2030년 탄소 저감 방법에 따른 저감 잠재량과 비용**

## 기후회복력개발

기후위기는 인구 증가, 과잉 소비, 급속한 도시화, 토지 황폐화, 생물다양성 손실, 불평등과 빈곤 등과 같은 다른 문제와 연관되어 있습니다. 그러므로 기후위기에서도 회복력이 있는 경제, 사회와 생태계를 구축하는 '기후회복력개발(Climate Resilient Development, CRD)'이 필요합니다. 이를 위해서 저감과 적응을 통해 기후 위험을 줄여야 할 뿐만 아니라 포용적이고 공정하며 누구도 뒤처지지 않는 정의로운 세상을 이루기 위한 지속가능한 개발을 함께 수행해야 합니다. 이는 과학기술뿐만이 아니라 가치, 세계관, 이데올로기, 사회 구조, 정치와 경제 체제, 권력관계를 담대하게 전환하는 것을 의미합니다.

선진국이 화석연료를 태워 기후위기를 대부분 일으켰지만, 정작 손실과 피해는 가난한 나라와 취약 계층에게 불평등하게 일어납니다. 가난한 나라는 이 위험에 대응할 능력이 없고 가난한 사람은 가족을 부양하는 데 모든 시간과 자원을 사용해야 하죠. 그러므로 기후위기로 고통받는 대부분 지역에서 재난에 필요한 조치와 실제 취한 조치 간 적응 격차(Adaptation Gap)가 큽니다.

지구가열 수준이 1.5℃를 넘을 경우, 2030년까지 세계 인구의 거의 절반이 심각한 위험에 처할 것으로 전망합니다. 특히 기후위기에 취약한 사람들에게 식량 불안, 소득 손실, 생계 기회 박탈, 건강에 부정적인 영향과 난민 이주로 인한 위험이 불평등하게 일어납니다. 지구가열을 2℃로 막는다고 해도 빈곤과 불평등이 크다면, 지구가열은

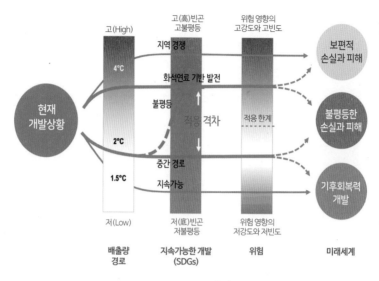

고(高)빈곤 | 위험 영향의
고불평등 | 고강도와 고빈도

고(High)

지역 경쟁 → 보편적 손실과 피해

4℃

화석연료 기반 발전

현재 개발상황

불평등 → 적응 격차 / 적응 한계 → 불평등한 손실과 피해

2℃

중간 경로

1.5℃

지속가능 → 기후회복력 개발

저(Low)

저(底)빈곤 | 위험 영향의
저불평등 | 저강도와 저빈도

배출량 경로 | 지속가능한 개발 (SDGs) | 위험 | 미래세계

출처 : IPCC 6차 적응 평가보고서(WG II), 2022

**지속가능한 개발(SDGs)과 적응 격차 간 연결을 보여주는 개념도** 배출량이 적더라도 빈곤과 불평등 정도가 높다면 적응 능력을 압도하여 위험은 여전히 높을 것으로 전망된다.

불안정한 사회에서 증폭되어 파국적인 위험을 일으킬 수 있습니다.

기온 상승 2℃를 넘어서면, 저지대 해안 도시, 섬, 사막, 산악, 극지 등 위험에 직면한 일부 지역에서 물·식량·에너지의 불안정, 취약한 환경과 생태계 황폐로 인해 기후회복력을 상실합니다. 이에 따라 가난과 불평등이 증폭되는 악순환에 빠집니다. 그리고 극단적인 날씨가 빈발해 여기에 대처하는 데 들어가는 비용이 경제성장 비용을 초과하여 세계 경제가 무너지기 시작합니다.

지구가열 수준이 3℃ 이상이 되면, 적응한계를 넘게 되므로 기존

체계로는 위험에 대응할 수 없게 됩니다. 손실과 피해가 빈부에 상관없이 전 지구적으로 광범위하게 일어납니다. 적응한계는 문명 한계이며 이는 곧 문명 붕괴를 의미합니다.

전 세계적인 연대에 바탕을 둔 선제적인 적응과 저감을 계속 지체한다면, 모두가 지속할 기회의 창이 빠르게 닫히게 될 것입니다. 공정과 정의에 기반한 통합적이고 포용적인 체계로 전환해야 기후회복력개발을 할 수 있습니다. 특히 유엔 지속가능 개발목표(SDGs)이기도 한 가난과 불평등을 줄이는 노력이 기후위기 대응에 있어 매우 중요합니다.

기후 위험 감소, 온실가스 배출 감소와 지속가능한 개발은 정치·사회·경제적 선택의 결과가 누적되어 이루어집니다. 매번 선택에 따라 달라지는 경로에서 탄력적으로 최적 경로를 탐색해야 합니다. IPCC는 향후 10년 동안 우리의 선택이 미래 기후회복력개발의 수준을 결정한다고 합니다. 다시 말해 향후 10년 동안의 정책 결정이 그 후 미래의 지속가능성을 결정하게 됩니다.

우리나라의 가장 큰 위기는 정치가와 정책결정자가 전환 시대에 그 흐름을 제대로 인식하지 못하는 데 있습니다. 전환이 필요한 시대에 미래 전망에 대해서는 눈감고, 현재의 난제와 한계에만 사로잡혀 있기 때문입니다. 현실이 모든 것을 지배하는 세상은 새로운 세상을 열 수 없습니다. 그러므로 대한민국에서 기후위기 대응은 정치 투쟁이 될 수밖에 없습니다.

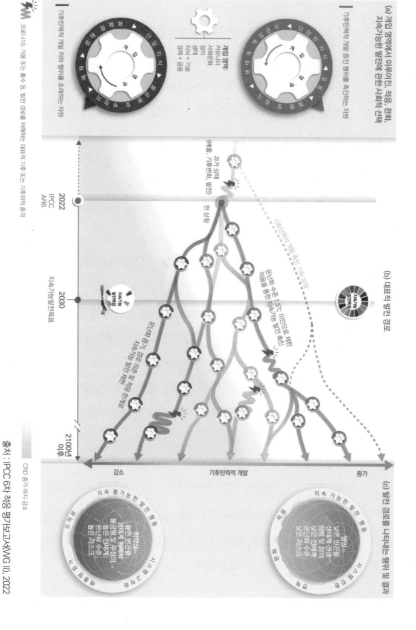

기후회복력개발 경로 기후회복력개발 경로가 사회적 선택과 행동의 누적을 통해 어떻게 나타나는지 보여준다.

출처 : IPCC 6차 작업 평가보고서(WG III), 2022

**Q. 현재의 과학기술로 기후 문제를 해결할 수 있을까요?**

**A.** 스탠퍼드 대학의 마크 제이콥 교수가 최근 〈가디언스〉 칼럼에서 "우리는 현재 2050년 탄소중립에 도달하는 데 필요한 기술력의 95%를 갖고 있다."고 이야기했습니다. 나머지 5%는 장거리 비행이나 선박용, 그리고 철강공업에서 탄소 환원을 수소 환원으로 바꾸는 것입니다. IPCC 보고서에 따르면 우리가 지금 가지고 있는 기술력으로 2030년까지 2050년 탄소중립을 위한 감축목표의 절반 이상을 줄일 수 있다고 합니다. 우리가 그러한 정치·사회 체계를 만들지 못했기 때문이지 과학기술이 모자라서 탄소중립에 도달하지 못하는 것은 아니라고 봅니다.

**Q. 재생에너지와 관련해서 우리나라의 자연환경이 대단히 안 좋다고 하는데 사실인가요?**

**A.** 재생에너지 비율이 높은 나라가 독일이죠. 독일을 아시아로 옮기면 몽골에 위치합니다. 위도가 우리나라보다 15도 위에 있어요. 태양광은 저위도로 갈수록 효율이 좋아집니다. 그러니까 우리나라는 독일에 비해서는 태양광 천국인 나라예요. 물론 우리나라가 독일보다 풍력은 약한 것이 사실이에요. 그렇다고 우리나라가 바람이 하나도 안 부는 나라는 아니에요. 바다의 경우 전 세계에서 중간 정도의 풍력은 됩니다.

독일은 재생에너지에 비용이 굉장히 많이 듭니다. 토지도 비싸고 인건비도 비싸기 때문이죠. 그런데도 독일은 재생에너지 비율이 높습니다. 왜일까요? 독일 사람들이 인류애가 넘쳐서일까요? 독일 기후에너지 전문가를 만나서 물으면 "미래의 새로운 기술이 재생에너지에 있고 먼저 기술력을 확보하기 위해 지금 미리 투자를 하는 것"이라고 말합니다.

그런데 지금 우리나라는 태양광을 중동과 텍사스와 같은 사막이랑 비교하면서 태양광이 형편없다고 이야기합니다. 풍력도 북극 쪽 바람 센 곳과 비교하고요. 독일이 태양광을 사막에 설치하고 풍력단지를 북극에 설치한 것이 아니지 않습니까?

우리나라 골프장 면적은 서울 면적과 같습니다. 토지를 이렇게 쓰고 있는 나라가 땅이 없어서, 환경이 안 되어서라고 합니다. 공공 건물과 시설물, 주차장, 철도와 도로변, 저수지 등 비워져 있는 곳이 많이 있습니다. 우리가 할 수 있는 최선을 다해본 다음에 부족한 부분에 대해 이야기해야 하지 않을까요? OECD 국가 중 재생에너지가 가장 후진적인 밑바닥 수준이면서 환경을 왈가왈부할 수 있을까요?

지금은 우리가 근본적으로 발상을 바꿔야 할 시점입니다. 대한민국은 재생에너지로 승부를 내야 합니다. 공간이 모자라면 골프장에라도 전부 태양광 판을 깔아야 합니다. 그것이 생존의 길입니다.

# 기후 정의 없이 평화 없고
# 평화 없이 기후 정의 없다

**황수영** | 참여연대 평화군축센터 팀장

최근 국제정세는 어떠하고,
군사주의와 기후위기는 어떻게 연결될까

혹시 이런 시계를 보신 적 있으신가요? 미국의 핵과학자회가 매년
발표하는 '지구 종말 시계(The Doomsday Clock)'입니다. 자정은 지구
멸망을 의미하고, 지구 멸망까지 인류에게 남은 시간을 상징적으로
보여주는 시계이지요.

2023년 1월, 이 시계가 '지구 종말 90초 전'을 가리킨다는 발표가 나왔습니다. 2020년 이후 3년 만에 10초가 앞당겨진 것입니다. 그만큼 인류가 처한 위기가 심각하다는 의미일 텐데요. 핵과학자회는 러시아와 우크라이나 전쟁, 그로 인한 핵 전쟁 위험, 가속화되는 기후위기 등으로 우리에게 남은 시간이 많지 않다고 경고했습니다. 사실 지금은 어느 때보다 예측한다는 것이 의미가 없을 정도로 예측 불가능성이 높은 시기이기도 합니다.

## 2023년의 세계: 군비 경쟁, 진영화, 복합 위기

2023년의 세계는 군비 경쟁, 진영화 그리고 복합 위기, 이 세 가지 키워드로 이야기할 수 있을 것 같습니다. 러시아의 침공으로 시작된 우크라이나 전쟁이 1년 넘게 계속되고 있습니다. 정말 슬프게도 이 전쟁이 쉽게 끝나거나, 휴전이나 평화 협상이 이루어지기를 전망할 수 있다고 말씀드리기는 어려울 것 같습니다. 끝이 보이지 않는 소모전이 지속되고 있습니다. 러시아의 침공은 계속되고 철군은 요원해 보이며, 서방 각국의 무기 지원과 함께 전쟁은 계속 격화되어 왔습니다. 영국과 미국 국방부, 유엔인권최고대표사무소 등에 따르면 러시아와 우크라이나 양측의 군인과 민간인 사상자는 최대 32만 명에 이른다고 합니다. 단순히 숫자로만 헤아리기 어려운 비극입니다.

그 가운데 전 세계의 군사주의는 날이 갈수록 심화하고 있습니다. 유럽 국가들을 비롯해 각국이 앞다퉈 군사비를 증액하고 군사동맹을 강화하며 각종 무기 도입을 추진하고 있습니다. 유럽 국가들은 2014년 러시아의 크림반도 합병 이후 지속적으로 군사비 지출을 늘려왔고, 러시아 역시 우크라이나 침공을 준비하면서 군사비를 크게 증액했습니다. 뿐만 아니라 중국, 일본, 한국, 호주 등 아시아·오세아니아 국가들의 군사비도 꾸준히 늘어왔습니다.

그 결과 2022년 한 해 전 세계가 지출한 군사비는 2조 2,400억 달러(약 2,980조 원)을 기록[*]했습니다. 코로나 팬데믹, 전쟁 등으로 인한 경제위기에도 아프리카를 제외한 전 세계 모든 지역에서 군사비 지출이 늘어났습니다. 한국의 군사비 지출 순위는 한 계단 상승하여 세계 9위를 기록했습니다.

군비 경쟁의 악순환이 반복되고 있으나 이를 통제하거나 완화하기 위한 국제적 공감대는 전무한 상황입니다. 각국이 안보 위협을 이유로 군비 증강을 위해 천문학적인 금액을 투입하지만, 결국 누구도 안전해지지 않는 안보 딜레마 상황만이 남게 될 것입니다. 국가의 '안전 보장'은 결국 상호 의존적이기 때문입니다.

두 번째로 말씀드리고 싶은 부분은 '진영화'입니다. '신냉전'이라는 용어가 등장할 만큼 미중 경쟁을 중심으로 각국의 진영이 나뉘는 양상이 심해지고 있습니다. 전 세계 군사비 지출 1위이자 온실가스 배출 2위(미국), 군사비 지출 2위이자 온실가스 배출 1위(중국) 사이의

---

[*] 2023.04.25. 스톡홀름국제평화연구소(SIPRI), 〈Trends in World Military Expenditure, 2022〉

전략 경쟁이 모든 분야에서 벌어지고 있고, 앞으로도 계속되리라 예상됩니다. 그리고 이 갈등의 파장은 전 세계에 영향을 미치고 있습니다.

작년 11월 미중 정상회담에서 바이든 대통령과 시진핑 주석은 '신냉전은 없을 것'이라 선언하고, 기후변화 협상을 재개하기로 합의했습니다. 미중 사이의 기후 협력은 낸시 펠로시 미국 하원 의장의 대만 방문 이후 미중 관계가 악화되며 중단된 상황이었습니다. 기후 문제에 관해서만큼은 협력하겠다는 시그널에 그나마 다행이라고 생각했던 것도 잠시, 미국 영공에서 중국의 군사 정찰풍선으로 추정되는 비행기구가 발견되고 미국 전투기가 기구를 격추하면서 미중 관계는 다시 얼어붙었습니다. 지금까지 유의미한 변화는 없는 상황입니다. 양안 관계 악화, 대만 해협을 둘러싼 미중 갈등도 날로 심각해지고 있습니다. 이에 더해 공급망 경쟁, 무역 제재, 첨단기술 경쟁 등 각종 난제가 산적해 있기도 합니다.

미국과 중국의 대결 구도가 심화하면서 한반도, 동중국해, 남중국해, 대만 등 동아시아 곳곳에서 갈등과 긴장이 발생하고 있습니다. 이 지역들에서 우발적인 무력 충돌이라도 일어난다면, 재앙적인 결과를 초래할 것입니다.

최근 '한미일 군사협력'도 큰 쟁점이 되고 있습니다. 한국, 미국, 일본이 군사동맹 수준의 협력을 추진하고 있고 윤석열 정부는 강제동원 졸속해법 등 각종 무리수를 동원하면서 한미동맹 강화, 한미일 군사협력에 '올인'하고 있는 상황입니다. 남북 사이의 대화 채널이 모두

끊긴 채, 군사적 긴장이 팽팽하게 높아져 있습니다. 한국과 미국, 북한의 군사훈련이 이어지는 가운데 우발적인 무력 충돌도 우려되는 심각한 상황입니다.

한반도를 중심으로 한·미·일, 북·중·러의 대결 구도가 점점 강화되고 있습니다. 탈냉전 시기에도 냉전 구조를 벗어나지 못해왔던 한반도는 이제 '신냉전'이라 불리는 예측하기 어려운 소용돌이의 한복판에 서 있습니다.

이러한 긴장과 대립은 한반도와 동아시아 평화에 도움이 되지 않는 것은 물론이고, 기후위기 해결을 위한 협력을 가로막는 결과를 낳습니다. 전 세계가 협력하여 기후위기를 헤쳐 나가도 모자랄 시기에 각국은 전쟁, 군사비 지출, 핵무기 현대화, 군사훈련과 군사기지 건설에 시간과 에너지와 돈을 낭비하고 있습니다.

세 번째는 '복합 위기'에 대한 것입니다. 8억 2,800만 명. 이 숫자가 무엇을 의미하는지 아시나요? 2021년 한 해 동안 굶주림에 시달린 전 세계 기아 인구[*]입니다. 세계 인구의 거의 10%에 해당하는 숫자입니다. 코로나 팬데믹 전보다 1억 5천만 명이 증가했고, 러시아와 우크라이나 전쟁 이후에는 더욱 늘어났을 것으로 우려됩니다.

최근 식량 가격이 계속 높아져온 상황은 여러 언론을 통해 알고 계실 것입니다.

---

[*] 유엔세계식량농업기구(FAO), 〈2022년 세계 식량안보 및 영양상태보고서〉

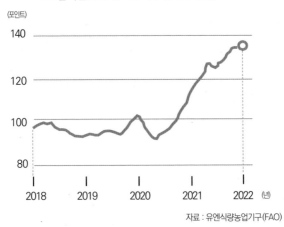

## 세계식량가격지수 추이

5개 품목군(곡물·유지류·육류·유제품·설탕)

(포인트)

자료 : 유엔식량농업기구(FAO)

다음은 작년에 밀 생산이 왜 안 되었는지를 보여주는 지도입니다. 인도는 폭염, 미국·아르헨티나·프랑스는 가뭄, 중국은 코로나 봉쇄와 홍수, 우크라이나와 러시아는 전쟁 등의 이유로 밀 수확량이 줄어들었습니다.

2022년의 식량 위기와 물가 폭등은 팬데믹과 러시아의 우크라이나 침공, 기후위기로 인한 각종 재해와 재난이 맞물리면서 발생했습니다. 이렇듯 기후위기, 보건 위기, 전쟁과 무력 충돌, 안보 불안은 서로 영향을 미치면서 더욱 심각하고 복합적인 위기를 불러옵니다.

요즘 자주 등장하는 '복합 위기'라는 표현은 여러 심각한 위기들이 동시에 발생하여 서로 영향을 미치면서 불확실성과 통제 불가능성

출처 : 2022.5.15. 경향신문 https://www.khan.co.kr/world/world-general/article/202205152147015

이 높아지는 상황을 의미합니다. 문제는 우리가 각각의 위기를 하나하나 차근차근 해결해갈 수 없다는 점입니다. '전쟁 문제를 먼저 해결하고 기후위기는 다음 순서로 다룰 수 있겠지'라는 접근 자체가 불가능합니다. 여러 위기들이 서로 악영향을 미치면서 악순환이 반복되고, 더 큰 위기로 이어지기 때문입니다.

이미 국제사회는 유엔 지속가능 개발목표(UN-SDGs)를 통해 "평화 없이는 지속가능한 발전이 없고 지속가능한 발전 없이는 평화도 없다"는 사실을 확인하고, 평화와 지속가능발전은 함께 추구해야 하는 목표라고 합의했습니다. 하지만 이 목표는 충분히 이행되지 않았고, 그 결과가 우리가 지금 직면한 세계라고 할 수 있습니다.

## 군사주의는 기후위기의 원인이자 결과

### 군사 활동과 탄소 배출

평화운동의 관점에서 군사주의가 기후위기에 어떤 영향을 미치는지 한번 살펴볼까요? 최근에 한미연합군사훈련이 계속 진행되고 있다는 뉴스를 보셨을 겁니다. 한반도의 군사적 긴장이 매우 높아진 가운데 한국과 미국의 전투기가 250대 출격했다, 미국 핵추진항공모함이 입항했다, 이런 소식들이 하루가 멀다고 전해집니다. 한국과 미국뿐만이 아닙니다. 북한도 대륙간탄도미사일(ICBM) 시험 발사 훈련 등을 반복하고 있습니다.

이런 군사훈련들이 탄소를 어느 정도 배출하는지 우리가 알 수 있을까요? 답은 '모른다'입니다. 군사 활동으로 인한 탄소 배출은 측정하지도, 공개하지도 않기 때문입니다. 대규모 군사훈련이나 전쟁 준비 과정, 실제 전쟁 과정에서 배출하는 막대한 양의 탄소에 대해서는 아무런 정보도, 통제도 없는 것이 현실입니다.

각국이 온실가스 배출량을 매년 측정하고 의무적으로 보고하지만 '군사 부문'만큼은 예외가 되고 있습니다. 1997년 교토의정서는 각국 배출량 집계에서 군사 부문 배출량을 제외하기로 했고, 2016년 파리기후변화협약은 군사 부문 배출량 보고를 '의무사항'이 아니라 '자발적 선택사항'으로 남겨두었습니다. '국가 안보 사항'이라는 이유입니다. 하지만 우리의 '안전'을 실제로 위협하고 있는 것은 무엇인가요?

2019년 미국 브라운대학교 왓슨 연구소는 〈기후변화와 펜타곤의 연료 사용, 그리고 전쟁의 비용〉이라는 보고서를 발표했습니다. 보고서에 따르면 미군은 아프가니스탄을 침공한 2001년부터 2017년까지 약 12억 톤$CO_2$-eq의 온실가스를 배출했습니다. 같은 기간 미군수산업에서 배출한 온실가스 26억 톤$CO_2$-eq까지 합치면 어마어마한 양입니다. 미군을 포함한 미국 국방부는 단일 조직으로는 세계 최대의 석유 소비자이자 온실가스 배출 당사자입니다. 스웨덴이나 덴마크의 1년치 온실가스 배출량을 능가하는 수준이라고 합니다.

무기와 장비는 대부분 화석연료를 사용하고, 연비도 떨어집니다. 미군 군용차량 험비(Humvee)는 디젤연료 1갤런당 6마일, 한국군도 구입한 F-35A 스텔스 전투기는 1갤런당 0.6마일밖에 가지 못한다고 합니다. 승용차 평균 연비(1갤런당 30마일)의 1/5, 1/50밖에 되지 않습니다.

지구적 책임을 위한 과학자들(Scientist for Global Responsibility, SGR)이라는 단체에서는 군수산업과 군사활동으로 인한 탄소 배출이 전 세계 배출량의 5.5%를 차지할 것으로 추정하기도 했습니다. 국가별 배출량과 비교하면, 전 세계 4번째 온실가스 배출국이 되는 셈입니다. 엄청난 양입니다. 이들은 "다른 분야에서의 탄소 배출이 줄어들고 있지만 군수 분야 탄소 배출은 계속 늘어나고 있다"고 비판했습니다. 분명한 것은 전쟁, 분쟁, 군사기지와 시설 운영, 군사 장비와 군용차량 운영, 무기 생산과 수출 등 모든 군사 활동에서는 탄소가 배출된다는 사실입니다. 그럼에도 사람들은 그 사실을 간과합니다. 한국의 온실가스 배출 감축목표에도 군사 부문은 쏙 빠져 있습니다. 전 세계가 절박한 마음으로 탄소 감축에 나서야 하는 이때, 각국의 군사 부문 온실가스 배출량이 공개조차 되지 않는다는 것은 너무 아이러니한 일입니다.

지난 2020년 세계군축행동의 날 캠페인*은 군사 부문 온실가스 배출에 대해 환경부, 국방부에 공개 질의를 보냈습니다. 돌아온 답은 다음과 같았습니다. "군사 부문 배출량 산정을 위한 별도 가이드라인은 없다. 국가온실가스종합정보시스템에 공개되는 국방부 온실가

---

* 매년 스톡홀름국제평화연구소(SIPRI)의 세계 군사비 지출 보고서 발표에 맞춰 군비 축소를 요구하는 국제 캠페인으로 전 세계 시민사회 단체들이 함께하고 있습니다. 한국 캠페인에는 녹색연합, 열린군대를위한시민연대, 전쟁없는세상, 참여연대 평화군축센터, 피스모모, 한베평화재단 등이 함께 해오고 있습니다.

자료 : 참여연대

2021년 세계군축행동의 날 캠페인

스 배출량 산정대상은 국방부(본관), 국립서울현충원, 국방전산정보원 및 국방홍보원의 건물과 업무용 차량이다.”

2022년 녹색연합은 정부 연구용역 자료 정보공개 청구를 통해 한국 군사 부문 온실가스 배출량도 결코 적지 않은 수준이라는 것을 확인했습니다. 한국의 군사 부문 온실가스 배출량은 2020년 약 388만 톤$CO_2$-eq으로 확인되었습니다. 이는 공공 부문 전국 783개 기관의 2020년 전체 배출량 370만 톤$CO_2$-eq보다 많은 양입니다.

“우리가 기후위기에 성공적으로 대응하려면 탄소 배출을 완전하게 측정해야 하며, 정치적으로 불편하다는 이유로 군대에서의 배출량을 제외해서는 안 된다. 대기는 군대가 배출한 탄소를 반드시 포함한다. 따라서 우리 또한 군대를 포함해 탄소 배출을 계산해야 한다."

- 〈군대와 환경 : 군사활동 탄소발자국〉 보고서, 국제평화국(International Peace Bureau, IPB), 2019

군대가 기후위기 대응의 사각지대로 남아 있어서는 안 됩니다.

## 군비 경쟁과 기후위기

다른 하나는 군비 경쟁에 대한 것입니다. 전 세계적으로 군사주의가 심화되고 있다고 앞서 말씀드렸는데요. 코로나 팬데믹 이후 경기 침체가 이어지는 와중에도 군사비는 계속 늘어났습니다.

전 세계가 2022년에 지출한 군사비가 약 2.2조 달러(약 2,980조원)입니다. 1분에 56억 원을 군사비로 쓴 셈입니다. 이 돈은 전쟁에, 분쟁에, 전쟁 준비에 쓰입니다. 그리고 이 돈은 전쟁의 위험과 안보 불안을 심화하고 대화와 협력의 기회를 가로막습니다. 군사비 지출이 늘어날수록 평화는 멀어집니다. 군비 경쟁과 진영 대결이 심각해질수록 기후위기를 위한 초국적인 협력도 어려워집니다.

제가 기후위기 관련 자료들을 보다가, 전 세계 군사비와 비슷한 숫자를 발견하게 되었습니다. 개발도상국이 파리 협정의 '감축' 목표를 달성하기 위해 2030년까지 필요한 재원이 2.1조 달러라고 합니다. 그 돈을 전쟁을 준비하는 대신 기후위기에 대응하는 데 사용할 수 있었습니다. 사람과 지구를 살리기 위해, 생명과 일상을 위협하는 시급한 문제를 해결하기 위해 사용할 수 있었던 예산을 군사비로 낭비하고 있는 것은 아닌지 분명히 생각해보아야 할 지점입니다. 자원과 예

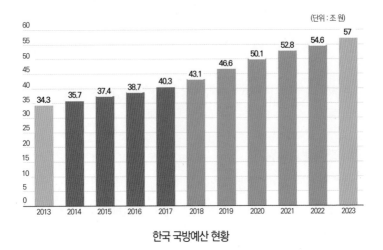

(단위 : 조 원)

한국 국방예산 현황

산은 한정되어 있으며, 군사비로 지불하는 기회비용은 이미 한계에 다다랐습니다.

한국은 군사비 지출 세계 9위 국가이고, GDP 대비 군사비 지출 비율도 굉장히 높은 국가입니다. 국방예산은 매년 증액되고 있습니다.

2022년 한국 국방예산은 약 55조 원이었습니다. 한편 경제구조 저탄소화, 저탄소 생태계, 공정한 전환, 제도적 기반, 기후대응기금 신설 등 온실가스 감축과 기후위기 대응을 위해 편성된 예산은 약 12조 원이었습니다. 탄소중립 목표 달성을 위한 예산이 국방예산의 4분의 1에도 미치지 못한다는 사실은 예산의 우선순위가 잘못되었다는 것을 단적으로 보여줍니다. 무엇이 진짜 '안전 보장'을 위한 길일까요?

## 기후위기와 전쟁, 분쟁의 악순환

"20세기 무력충돌의 최대 20%가 기후변화와 그에 따른 극한 기후에 의해 일어났으며, 그 영향은 21세기 들어 점점 더 가파르게 증가하고 있다."

– 2019년, 스탠퍼드대학교 지구시스템과학과 연구팀

"기후변화는 점점 더 강력한 이주 동력이 되어가고 있다. 앞으로 기후 변화를 막기 위한 즉각적인 조치를 취하지 않을 경우, 해수면 상승과 물 부족, 농작물 생산성 저하 등으로 인해 전 세계 2억 1,600만 명의 사람들이 그들의 국가 안에서 이주를 경험할 것이다"

– 2021년, 세계은행 Groundswell 2.0 보고서

고갈되는 자원, 기후위기로 인한 지형과 국경의 변화로 인해 사람들은 이주하고, 국경 인근의 갈등은 고조될 것입니다. 장차 기후 난민을 막는 데 군대와 경찰이 동원될 가능성도 높습니다. 불안한 정세 속에 각국의 군사주의도 심화될 것입니다.

복합 위기의 측면에서, 군사주의는 기후위기를 심화하고 기후위기는 다시 무력 충돌과 안보 불안을 불러옵니다. 그리고 진영으로 갈라져 갈등하는 세계는 기후위기 대응을 위한 협력을 어렵게 만듭니다. 이러한 위기들은 서로 영향을 미치면서 더욱 심각한 위기를 초래할 것입니다.

우리에게는 시간이 많지 않습니다. 마지막으로 "기후 정의 없이 평화 없고, 평화 없이 기후 정의 없다"는 말을 나누고 싶습니다. 기후 정의와 평화는 우리가 함께 이루어야 할 목표입니다.

**Q. 기후위기와 군비 축소 관련해 2023년에 국내 단체들의 구체적인 협력사업 계획이 있는지요?**

**A.** 앞서 말씀드린 군사 부문 탄소배출량 공개를 의제화하는 등의 활동은 매년 4월 말 진행하는 '세계군축행동의 날(Global Days of Action on Military Spending, GDAMS)' 국제 캠페인의 일환으로 진행해온 활동들입니다. 스톡홀름국제평화연구소(SIPRI)의 군사비 지출 동향 보고서 발표에 맞춰, 전 세계 평화단체들이 군비 축소, 그리고 군사비를 줄여 다른 시급한 곳에 사용하자는 캠페인을 2011년부터 해오고 있습니다. 과거에는 "우리의 세금을 무기 대신 복지"라는 슬로건으로 활동을 했고 최근에는 지속가능한 환경, 기후위기 대응에 대해 더 강조하는 방식으로 캠페인을 진행하고 있습니다. 2023년 4월에도 세계군축행동의 날 캠페인 "1분에 56억, 평화와 지구를 위협하는 군사비 지출 이제 그만!"을 진행했고, 다양한 활동을 계속 이어나갈 예정이니 많은 관심 부탁드립니다.

'안보가 과연 무엇인가'라는 문제는 평화운동의 큰 화두였습니다. 각국은 '국가 안보'를 이유로 국방예산을 매년 증액하고, 첨단 무기를 도입하는데요. 실제 그런 방식으로, 군사적 수단으로 평화를 만들 수 있는가, 그것이 정말 안전을 보장하는 방법인가, 오히려 안보 딜레마를 심화하고 전쟁 위험을 높이고 있지는 않은가를 묻는 것입니다. 전 세계가 군사비에 천문학적인 돈을 쏟아붓는 동안 보건 위기나 기후위기 대응을 위해 투자하는 예산은 충분했는가, 라는 문제도 다양한 방식으로 계속 제기해오고 있습니다. 매년 6~8월 정부 예산안이 편성되고 9월부터 12월까지 국회 심의가 있는데요. 예산 심사 일정들에 맞춰 국방예산 삭감을 촉구하는 활동들도 이어갈 예정입니다. 역시 많은 관심 부탁드립니다.

재난

# 검은 백조와 함께 살기

**김동훈** | 재난안전소셜벤처 라이프라인코리아 대표

기후위기와 재난, 재난이 일상화된 시대에
우리는 무엇을 어떻게 준비해야 할까

재난위기와 관련된 기관들은 연구방법의 하나로 재난이 발생했을 때의 상황을 가정한 '재난시나리오'라는 것을 만들곤 합니다. 오랜 기간 우리의 일상생활을 뒤흔들고 있는 '코로나19'도 그러한 이름으로 불리지 않았을 뿐, 2013년에 국내의 한 연구기관에서 중국발 인수공통감염병의 국내 유입으로 인해 벌어질 사회적 혼란상이라는 주제로 이미 예측한 적이 있습니다. 재난시나리오의 내용이 가장 심각한 수준의 위기상황을 다룰수록 재난에 대한 우리 사회의 대비태세가 어느 정도인지 극명하게 드러나기 쉽습니다. '기후재난'에 대해서는 최근에 한 국책연구기관의 재난시나리오가 공개되었습니다. '국립재난안전연구원'이라는 기관이 2020년,

2021년에 걸쳐 작성한 보고서로, 최근 30년간의 재난·사고 관련 뉴스 47만 건과 피해통계 42종 그리고 전문가 376명에 대한 설문조사 결과를 바탕으로, 앞으로 우리 사회에 가장 위험성이 높은 5가지 재난·사고 유형을 선정한 것입니다. 원래 이 연구는 '기후재난'의 위험성을 파악하기 위한 연구가 아니었고, 수십 가지 유형의 재난 중에서 우선적으로 우리 사회가 대비해야 할 재난·사고를 선정하기 위한 연구였습니다. 그런데 보고서의 결과는 아래 그림의 다섯 가지 재난·사고 유형이 앞으로 우리나라에 가장 위협적이라고 알려주었습니다.

출처 : 〈시나리오로 본 우리나라 미래 재난 전망〉, 국립재난안전연구원, 2021

시나리오로 본 우리나라 미래 재난 전망

우리에게 위협적인 5대 재난은 '미세먼지', '풍수해', '폭염', '감염병', '산업재해'이고, 이중 '산업재해'를 제외하면 나머지는 모두 '기후위기'와 직간접으로 연관이 있습니다. 국내에서 환경전문가들이 기후위기를 매우 중요한 사회문제로 보는 것은 일상적인 모습이지만, 이제는 재난전문가 그룹에게도 기후위기가 중요하고 큰 이슈가 되고 있는 것입니다.

아직 공식적으로 합의된 단어는 아닙니다만, '기후재난'이란 단어를 재난전문가 그룹 사이에서도 근래 많이 사용하기 시작했습니다. 이때 기후재난의 종류로는 태풍, 홍수, 한파, 산불 등이 있겠습니다. 그런데 굳이 그런 종류의 재난들을 '기후재난'이라고까지 이름 붙이지 않아도 늘상 익숙한 '자연재난'의 유형들인데 왜 그랬을까요? 요즘 기후위기가 주목받으니까 옛날 것에 기후재난이라고 붙여 좀 더 주목을 받고 싶었던 것일까요?

오늘 제가 이야기하고 싶은 가장 중요한 메시지는 하나, 바로 이것입니다. '그것이 그것이 아니다.' 우리가 익숙한 기후 관련 자연재난들이 '태풍', '홍수' 등 여전히 같은 이름으로 불리고 있지만 지금과 같은 기후위기의 시대에 실제 우리가 맞이해야 하는 양상은 많이 다르다는 것입니다. 현실에서는 있을 수 없지만 실제로 발생해버림으로써 생기는 사회적 충격을 '블랙 스완(Black Swan)', 즉 검은 백조 현상이라고 일컫는데, 재난 분야에서 기후재난이 블랙 스완처럼 나타나고 있습니다.

# 기후 재난 시나리오

앞서의 국립재난안전연구원의 보고서는 블랙 스완적인 미래의 시나리오를 제시해봄으로써 우리가 준비해야 할 사항들을 미리 점검할 수 있게 도움을 줍니다. 시나리오의 내용 중 일부를 같이 한번 보겠습니다.

최악의 미세먼지 시나리오에 따르면 초고농도 미세먼지로 인해서 코로나19 이후에 다시 살아나기 시작한 관광업에 타격을 줍니다. 거리에 인파가 사라지면서 소상공인들은 또다시 불황의 늪에 빠집니다. 병원마다 호흡기 환자가 쇄도하고, 초미세먼지와 관련된 건강에 관한 가짜뉴스들이 퍼져나갑니다. 전자장비나 반도체 산업에서는 불량률이 높아지고 자동화 설비가 된 사업장에서도 오작동이 빈번해집니다. 비행기가 제대로 뜨지 못해 결항과 연착이 많아지고, 발전소들이 미세먼지 때문에 전력생산량을 줄일 수밖에 없습니다. 태양광은 전기생산 효율이 떨어지면서 에너지 위기까지 걱정하게 되는 상황입니다. 우리는 '그저 날씨가 변하기만을 기다린다.' 정도로 대처활동이 마땅치가 않습니다.

이번에는 '극한 폭염' 시나리오입니다. 전국 대부분 지역에서 폭염경보가 발효되고 동시다발적으로 40℃를 넘는 일 최고기온이 관측됩니다. 농사현장과 건설현장에서 열사병 환자들이 급증하면서 사망자 숫자도 올라갑니다. 비닐하우스에서 생활하는 이주노동자, 고시원에서 생활하는 청년들이 어려운 시기를 보내는 가운데 홀로 사는 노인 분이 사망한 채로 발견되는 사례가 잇따릅니다. 농가에서는 고온 스트레스로 닭이 알을 낳지 않아 계란 값이 올라가고 젖소의 우유생산량도 줄어들면서 우유 값도 올라갑니다. 배추농가에서는 작물들이 말라 죽고 가축들은 축사에서 대량 폐사됩니다. 양식업에서도 폐사가 이어지면서 수산물 가격도 올라버립니다. 도시에서는 노후변압기가 전력을 감당하지 못하고 터져버려서 정전과 화재가 발생하고, 철도는 레일이 휘면서 KTX가 속도를 내지 못합니다. 심리적으로 힘들어진 사람들 사이에서는 짜증과 분노에 따른 사건사고들이 늘어납니다.

'슈퍼태풍' 시나리오도 있습니다. 슈퍼태풍은 여러 전문가들이 시기만 모를 뿐 언젠가 우리나라에도 불어닥칠 것이라는 데에 이견이 별로 없습니다. 슈퍼태풍은 강풍으로 인한 피해도 심각하지만 태풍이 동반하는 호우로 인한 피해 역시 심각합니다. 2022년 발생했던 서울 신림동 반지하주택 참사나 포항 지하주차장 참사는 도심 한복판에서 호우만으로 어떤 일까지 벌어질 수 있는지를 보여주는 사례였습니다. 시나리오에서는 슈퍼태풍과 그에 따른 호우로 인명피해가 발생한다고 이미 예측하였습니다.

"지하나 반지하 주택 대부분이 침수됐다. 아파트 지하 주차장에도 물이 차올라 급히 차를 빼러 내려간 사람들이 빠져나오지 못해 변을 당했다."

이 시나리오는 2021년에 만들어진 것이었습니다. 시나리오의 예측 사항들은 실제 1년 후에 모두 발생하였습니다. 또한 시나리오에는 도시 곳곳에서 많은 시민이 119 긴급전화로 구조요청을 하지만 동시다발적 신고전화에 신고접수가 포화하여 결국 구조요청도 하지 못한 채 사고를 당하는 사례가 늘어난다고 예측합니다. 이것은 실제 1년 후 신림동 반지하 참사 때 있었던 상황이기도 합니다.

앞서 이야기한 각각의 시나리오들은 태풍, 홍수, 폭염, 미세먼지 등 이름만으로는 딱히 새로울 것도 없는 재난들이지만, 이것들이 기후위기로 인해서 한층 업그레이드 된 현실을 반영합니다. 기후위기로 더욱 심각해진 재난들은 우리 생명에 직접적인 위협부터 생활, 산업 등 우리 사회의 전 분야에 걸쳐서 직접적인 영향을 준다는 것을 알게 해줍니다.

## 처음 겪어보는 여러 재난들

시나리오에서 보여주지 않은 재난 중에서 이미 우리가 직접 겪어본 큰 기후재난도 있습니다. 2022년에 발생한 역대 최대 산불인 '동해안 산불'은 '초대형산불'로서 결과적으로 사람의 힘으로 껐다고 하기 힘듭니다. 비가 와서 마침내 제대로 꺼질 수 있었습니다. 비가 오지 않았다면 계속 타들어가는 것을 보았을 뻔한, 우리나라에도 처음으로 '캘리포니아 산불'이나 '호주 산불'처럼 사람의 힘으로는 어찌 해보기 힘든 산불을 만났던 것입니다.

이런 류의 산불은 도시까지 불태워버리기 쉽습니다. 이름이 '산불'이어서 우리가 가볍게 생각하는 것이지 산불이 도시에 들어오면 더 이상 산불이라 부를 만한 것이 못됩니다. 입장을 바꿔놓고 생각해보면 됩니다. 보통 도시에서 화재가 나면 건물 하나가 불타는 상황이 많습니다. 그러나 산불이 도시로 들어오면 건물 하나를 태우는 규모가 아니라 여러 건물이나 지역을 동시에 태워버리면서 격이 다른 재난이 되어버립니다. 공식적으로는 '산불'과 '대형산불'이란 단어가 사용되어오다가 '2019년 강원도 산불', '2022년 동해안 산불'의 상황을 거치면서 도심까지 들어오는 거대 규모 산불을 지칭하는 데 '초대형산불'이라는 단어가 자주 쓰이게 됩니다. 산불은 옛날에도 있었고 지금도 있지만 기후위기로 업그레이드되어서 우리나라에도 초대형산불의 시대가 도래한 것입니다.

출처: (사)더프라미스(The Promise)

2022년 3월 동해안 산불 현장

2022년의 신림동 반지하 주택 참사 같은 경우는 '도심형 홍수'의 현상을 볼 수 있습니다. 홍수가 나서 강물이 범람하면 저지대가 침수되는 것은 충분히 예상할 수 있는 현상입니다. 그런데 이제는 충분히 예상되는 저지대 침수 예상지역이 아니고도 도시 곳곳이 침수피해를 입고 인명피해까지 발생합니다. 도심지를 개발하는 과정에서 땅을 콘크리트로 거의 다 덮어버리니까 많은 비가 한꺼번에 오면 물이 갈 데가 마땅치 않습니다. 그래서 도시 곳곳에서 가장 낮은 곳으로 물이 모여서 들이치게 됩니다. 그러다 보니 도시의 가장 낮은 곳인 지하주차장, 지하차도, 반지하 가구들이 위험해집니다. 특정 지역 전체가 침수되는 모습을 넘어서, 이제는 지역 전체는 잠기지 않았다 해도 핀셋으로 꽂은 것처럼 특정 건물이나 특정 골목, 특정 가구만 물에 잠기는 현상도 발생합니다. 옆 동네는 멀쩡해도 우리 동네나 우리 집은 그렇지 않을 수 있다는 것입니다. 이러한 도심 곳곳의 침수현상을 설명하기 위해서 이제는 '도심형 홍수'라는 단어까지 만들어졌습니다.

2020년에는 역대 최대 장마가 와서 38개 지자체가 특별재난구역으로 선포되기도 하였고, 2022년 말 전남에서는 역대 최장 가뭄이 발생하여 대도시에서도 제한급수를 고려해야 했습니다. 식량 부족, 해수면 상승, 분쟁, 난민 발생 같은 문제는 기후위기와 관련이 있어도 우리나라 사람들에게는 좀 거리가 있어 보이는 현상들입니다. 그러나 그런 것 외에는 이미 우리나라에서도 웬만한 기후재난은 벌어지고 있습니다. 아직 제대로 겪어보지 않은 것이 있다면 '극한폭설'

이나 '극한한파'가 있지 않을까 합니다. 해외에서는 극단적인 폭설과 한파의 사례가 이미 있으니 이런 것들도 우리는 충분히 예상을 할 수 있어야 합니다.

## 무서운 건 직접 피해만이 아닌 복합재난

사실 무서운 건 기후재난으로 인한 직접적인 피해만이 아니라 복합재난이라고 할 수 있습니다. 2019년에 일본에 15호 태풍 '파사이'가 불었습니다. 이 태풍은 슈퍼태풍급은 아니었지만 일본의 치바현이라는 지역을 강타했습니다. 치바현은 우리나라로 치면 서울 옆의 성남, 고양과 같은 수도권 도심지역으로, 당시 이 태풍으로 인해서 2,000여 개의 전신주가 넘어져버렸습니다.

우리나라보다 재난대응의 기준이 높다고 알려진 일본이었고 15호 태풍 파사이가 슈퍼태풍급의 태풍이 아니었는데도 뜻밖의 일이 벌어진 것입니다. 전신주들이 대거 넘어진 것은 태풍 자체로는 슈퍼태풍급이 아니었어도 동네별로 순간적으로 불었던 지상풍들이 슈퍼태풍급의 강도를 보였기 때문입니다. 전신주들이 넘어지면서 대규모 정전사태가 벌어집니다. 주요 도심지의 불들이 꺼져버렸습니다. 불들이 꺼지면서 물도 안 나오기 시작했습니다. 단전이 되면 단수도 따라서 올 수가 있는데, 정수장에서 여러분의 집까지 물을 날라주는 힘도 결국 전기의 힘이기 때문입니다. 치바현은 단전, 단수를 완전히 복구하는 데까지 약 한 달 정도의 시간이 걸렸습니다. 대도시가 한

달 동안 단전, 단수 상태에 있었던 셈인데 이때의 어려움은 '만약 우리 도시에 그런 일이 생겼다'고 하면 어떤 일이 벌어질지 상상해보면 짐작하실 수 있을 것 같습니다.

이러한 대정전 현상을 '블랙아웃'이라고 합니다. 이를 우리나라에서는 기후재난과 별개의 재난으로 다루고 있습니다. 다음 그림은 국립재난안전연구원이 다른 연구보고서에서 작성한, 한국에서 블랙아웃이 벌어졌을 때의 시나리오입니다.

결론은 72시간, 딱 3일이 지나면 우리 문명은 완전히 마비된다는 것입니다. 우리나라에서 72시간 정도의 단전상태가 지속되면 관공서가 모두 멈춥니다. 여러분이 전화해도 받아줄 데가 없습니다. 경찰, 의료 모두 연락이 안 되고 그들끼리 소통도 안 됩니다. 관제센터가 멈추면서 기차와 항공기는 움직이지 못할 것이고, 병원에서는 수술을 하기 힘들어지고, 금융거래가 안 되어 여러분의 신용카드도 무용지물이 될 것입니다. 도시로서, 문명으로서의 기능이 대부분 멈추어버리는 셈인데, 우리나라는 블랙아웃에 대한 세밀한 대비가 부족한 만큼 위기가 크게 다가올 것입니다.

위의 태풍과 블랙아웃 사례가 아니더라도 앞서의 모든 재난시나리오들은 재난으로 인한 직접적인 1차 피해를 넘어서 2차, 3차로 연속되는 피해의 무서움을 보여주고 있습니다. 이러한 형태의 재난을 '복합재난'이라고 합니다. 사회가 발전한 상태일수록 더욱 복잡하고 촘촘히 연결되어 있어서 복합재난의 피해를 예측하기 힘들고 대비하기도 쉽지 않습니다.

에너지 의존이 가져온 위험, 올스톱! 국가전력기능 마비

출처 : 국립재난안전연구원, 2018

그 다음으로 우리가 잊지 말아야 할 것이 있다면 '취약계층'입니다. 기후재난 이야기도 새롭지만 그 안에서 취약계층의 문제까지 깊이 들여다보는 경우는 아직 많지 않습니다. 큰 재난인 만큼 모두가 피해자가 될 수 있다는 생각에 취약계층에까지 생각이 미치지 못할 수도 있습니다.

그런데 2022년의 신림동 반지하 주택 참사 같은 사건은 재난약자의 문제를 사회적으로 다시 보는 계기가 되었습니다. 재난피해의 계산식은 간단합니다. '재난 × 취약성'입니다. 재난의 강도가 세거나 취약성 정도가 높으면 결과적으로 피해 규모가 크다는 것입니다. 반대로 재난을 줄이거나 취약성을 줄이면 그만큼 피해가 덜 일어날 수 있다는 것입니다.

지금까지 우리 사회가 주로 관심을 가지고 대응한 것은 재난방정식 앞쪽의 재난 자체를 줄이는 쪽에 더 비중이 있었다고 할 수 있습니다. 우리 사회 전반적으로 '재난은 예방이 중요하다'라는 명제가 중시되기 때문입니다. 그러나 만약 재난을 막을 수 없다면요? 많이 대비했어도 다 막아지지 않는다면요?

기후위기로 재난이 업그레이드되는 상황에서는 취약성의 문제도 더 살펴보아야 합니다. 기후재난을 다룸에 있어 상당한 정도의 기후변화가 이미 진행이 되었고, 기후변화 자체를 당장 멈출 전망이 있지 않다면, 기후재난 속에서 어떻게 취약성을 줄일 수 있는지에 대한 고려가 필요합니다.

가장 우선하여 해볼 수 있는 방법은 우리 사회의 취약계층을 챙겨

보는 것입니다. 취약계층마저 안전할 수 있는 사회라면 우리 모두가 안전해질 수 있기 때문입니다. 그들이 재난 속에서 피해를 덜 받을 수 있고 제때 도움을 받을 수 있는 시스템이 있다면 그것은 곧 우리 모두를 위한 안전망일 수 있는 것입니다.

## 재난에 대한 대응 : 자조, 협조, 공조

재난에 대해서 어떻게 대응하냐고 할 때 '자조', '협조', '공조', 세 가지 방법이 있습니다. '자조'는 내가 나를 지키는 것이고, '협조'는 우리끼리 같이 지키는 겁니다. 그리고 '공조'는 여러분이 기대하는 '119' 같은 국가의 위기관리 시스템입니다. 너무 상식적인 구분인데 왜 이런 뻔한 이야기를 할까요?

1995년 일본에서 '한신대지진'이 있었는데 그때 대지진에서 살아남은 사람들을 대상으로 설문조사를 했다고 합니다. 질문은 "어떻게 살아남으셨습니까?"였습니다. 조사의 결과는 우리의 상식과 좀 다릅니다. 66.8%는 "내가 스스로 살아남았다."라고 대답했습니다. 지진이었기 때문에 스스로 뛰쳐나와 생존했을 것입니다. 그리고 30.7%의 생존자들은 "사람들이 도와줘서 살아남았다."라고 대답했습니다. 재난현장에서 내 주변에 있던 가족들, 동네 사람들, 지나가던 사람들의 도움을 받은 것입니다. 그리고 마지막 우리가 기대할 수 있는 119 같은 구조대는 어땠을까요? 결과는 1.7%밖에 안 되었습니다. 100명 중 2명도 도움을 못 받은 것입니다. 이것은 한신대지진만의 특별한 상황

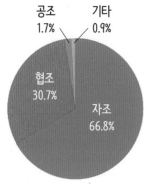

공조
1.7%

기타
0.9%

협조
30.7%

자조
66.8%

출처 : 일본 도쿄소방청 홈페이지

한신대지진으로부터 배우는 자조, 협조의 중요함

이 아니라 거대한 규모의 재난일수록 나타나는 공통적인 현상이라고 할 수 있습니다. 그 나라 정부가 아무리 재난대응에 잘 준비가 되어 있다 하더라도 국민의 절반을 소방관에 임명하지 않고서야 큰 규모의 재난 상황에서는 정부가 모든 국민들을 동시에 구할 방법이 없습니다. 이는 선진국이라 하더라도 다르지 않습니다.

그래서 자조나 협조가 매우 중요합니다. 특히 기후재난의 시대, 재난 일상화의 시대에 우리는 공조를 발전시키는 것 이상으로 자조나 협조에도 관심을 가지고 실제 준비를 해야 합니다.

2019년 강원도 산불이 났을 때 전국의 소방차들이 고속도로를 따라 줄지어 가는 장엄한 모습을 TV에서 본 기억이 있으신지요? 굉장히 감동적인 장면으로 사람들의 뇌리 속에 남아있습니다. 그런데 한번 입장을 바꿔서 생각해보십시오. 내가 산불이 난 지역의 주민이라면 그 소방차들이 도착하기 전까지는 어떻게 해야 하는 것일까요?

대형산불은 주민들이 인력으로 끌 수 있는 정도의 문제가 아닙니다. 그러면 중요해지는 것은 '대피'의 문제인데 당시 산불이 난 지역은 고령화 지역이었습니다. 그 중에는 혼자 사시는 노인 분들도 많으셨습니다. 모두가 잠든 한밤중에 산불이 닥쳤는데 노인 분들에게 불이 났음을 누가 알리고 어떻게 대피시켰을까요? 이때 동네에서 배달하시는 분들이 큰 역할을 해내었습니다. 배달을 하는 분들은 오래 그일을 하다 보면 자기가 맡은 지역에 대한 이해가 있어서 어느 집에어떤 분이 사시는지 대충 짐작할 수 있습니다. 그런데 집에서 밤에쉬고 있는데 산불이 우리 도시를 덮쳤네요. 집들이 불타고 있어요. 내가 평소에 배달하던 동네이고 거기에 혼자 사는 노인 분들이 많아요. 어떻게 해요? 나라도 가야죠. 그래서, 오토바이를 몰고 가서 집집마다 문을 두드려서 집에 계시면 대피를 시킨 일이 있었습니다. 이오토바이 라이더들은 나중에 상도 받으셨습니다.

2022년에 있었던 동해안 산불에서의 사례도 있습니다. 우리나라의 경우 산불은 사람에 의한 '실화'가 매우 많습니다. 그런데 작은 산불이 초대형산불로 커지는 것은 기후변화와 관련이 깊습니다. 기후변화 때문에 하천도 말라버렸습니다. 이런 현상은 당장에 산불 진화를 어렵게 합니다. 전국의 헬기들이 산불 난 곳으로 왔지만 떠갈 물이 부족했던 것입니다. 이 소식을 들은 강원도의 레미콘 기사들이 움직였습니다. 하시던 일 멈추고 레미콘마다 물을 채워서 헬기 집결지로 모인 것입니다. 그렇게 헬기들에 물을 계속 채워 진화작업이 계속

될 수 있도록 하였습니다. 레미콘 기사 분들은 누가 시킨 것도 아니고, 재난대응에 대한 권한과 책임도 없고, 관련된 훈련을 받은 적도 없는데 당장 우리에게 닥친 커다란 사회문제를 해결하기 위해서 대응한 것입니다.

이런 사례들 외에도 시민들은 큰 재난이 발생할 때마다 자신을 지키고 공동체를 지키기 위해서 나름대로 대응을 해왔습니다. 코로나19가 한창일 때 시민들이 모여서 마스크를 만들어 취약계층에 기부하거나, 동네 식당이 어려워지니 미리 선결제를 해두거나, 보호복을 입고 땀을 뻘뻘 흘리며 방역소독 자원봉사에 나서거나, 긴 대기 줄을 빨리 해소하기 위해 공적마스크 판매 약국에 가서 일을 돕는 등 시민 자원봉사자들이 있었습니다. 이렇듯 시민들이 시민들을 구하는 모습들은 늘상 있어왔습니다만 우리는 '미담' 정도로 취급하며 곧 잊힐 이야기로 흘려버리곤 합니다.

그러나 이것은 '미담'이 아니라 '역량'입니다. 그 역량을 어떻게 응원하고 키울 것이냐에 대한 발전적인 논의가 기후재난 시대에 우리의 안전을 도모하기 위한 기본적인 출발점입니다. 그 안에는 재난으로부터 우리 자신을 보호하기 위한 방법을 알아가는 것에서부터, 지역사회에 위기가 닥쳤을 때 이웃이 이웃을 돕는 공동체적 대응의 구조를 만드는 것 그리고 정부가 기후재난에 제대로 대응해나가도록 계속 지켜보고 요구하는 것까지 자조, 협조, 공조의 영역이 모두 포함되어 있습니다.

**Q. 우리나라가 재난에 대응하는 데 필요한 '자조와 협조, 공조'를 위해 가장 먼저, 주요하게 갖춰야 할 것이 무엇인가요?**

**A.** 중요한 것은 '주체'의 문제입니다. 우리나라에서 재난 분야와 환경 분야는 독립적으로 존재합니다. 그런데 기후재난은 재난대응의 하위 카테고리로 다루어지고 있습니다. 이런 상태에서는 변하기 힘듭니다. 기후환경과 재난을 통합적으로 바라보면서 기후위기 시대의 재난을 의제화하고 실천할 사람들이 있어야 합니다. 그러나 안타깝게도 우리 재난 분야에는 '시민사회'라 할 수 있는 것이 마땅치 않습니다. 새로운 대안을 찾는 그룹이 부족하기에 발전이 있을 수 없습니다. 환경 분야에서도 재난 쪽에 관심을 가져주시면 좋겠는데 환경과 재난을 연결하여 불러주는 데가 '녹색전환연구소'하고 '녹색연합'밖에 없었습니다. 기후환경과 재난을 연결해서 말할 수 있는 기회와 사람들이 많아져야 하겠습니다. 그리고 단기적으로 시급히 해야 하는 것은, 기후재난으로 인한 취약계층을 위한 조례 같은 것을 마련하는 일입니다. 신림동 반지하 참사와 같은 일을 겪을 수 있는 사람들을 지원하기 위한 구체적인 조치들이 행해져야 합니다. 재난은 주로 지자체가 기본적이면서도 핵심적인 역할을 하다 보니 조례 제정과 같은 방식으로라도 먼저 이 부분에 대한 대처를 시작해야 합니다.

우리나라에서 근본적으로 자조와 협조, 공조가 잘되기 위해서는, 우선 당사자들이 잘 조직될 수 있도록 도와야 한다고 봅니다. 재난 분야의 과제들은 그 범위가 광범위하기도 하고 복잡하기도 하여 당사자, 재난 피해자들의 목소리를 들었을 때 우리가 해야 할 일을 비교적 명확히 볼 수 있습니다. 사회적 충격이 큰 재난사건이 일어난 이후에 제도가 바뀌는 경우가 많은데, 대개 당사자들이 계속해서 문제제기를 함으로써 얻어낸 것이 많습니다. 다시는 비슷한 일이 일어나지 않기를 바라는 마음에서 애쓴 당사자들의 사회적 행동에 우리가 빚을 지고 있습니다. 주체가 되고자 하는 이런 분들을 우리 시민들이 응원하는 것이 변화의 시작점이라고 봅니다.

국가에서는 '재난조사'를 별도로 해야 합니다. '수사'와 '재난조사'는 다른 것이어서, 형사 책임을 묻고자 하는 사법당국의 수사와 달리 '국가재난조사위원회' 같은 공적 기관을 설치해 비슷한 문제가 다시 발생하지 않도록 구조적인 원인과 해결책을 찾아내고 제안할 수 있어야 합니다. 이렇게 되었을 때 기후재난과 관련해 산발적인 대책이 아니라 구조적이면서도 구체적인 대책을 기대해볼 수 있습니다.

우리 개개인의 안전을 돌아보았을 때는 재난안전교육이 중요하다고 하는데, 정작 우리나라에서 일반 시민들이 배울 수 있는 내용은 대개 '심폐소생술'과 '소화기 사용법' 같은 것뿐, 커리큘럼이 많지 않습니다. 재난대응 선진국들이 다양한 재난안전 시민교육 프로그램을 운용하고 있는 데 반해 우리나라는 매우 부족한 편입니다. 이러한 문제의 원인에는 재난안전과 관련한 교육훈련 프로그램을 개발하는 주체가 국내에 거의 없다는 것이 있습니다. 이 분야 역시 '주체'가 없으니 발전이 없는 것입니다. 이런 일을 하겠다는 단체들을 후원하거나 그러한 단체를 새로 만들어가는 일이 필요합니다.

# 

탄소중립녹색성장기본법에 따라 지자체도 탄소중립 계획을 수립하고 두 가지 보고서를 쓰도록 되어있습니다. 매년 탄소중립에 대한 이행 점검 평가보고서를 써야 하고, 수립한 적응계획을 얼마만큼 지켰는지에 대해서도 이행 점검하도록 되어있고, 지자체가 작성한 계획서를 지역의 시의회, 도의회, 군의회, 구의회가 연말에 검토하도록 되어있습니다. 지자체의 지자체장이나 의원들이 얼마만큼 준비하고 있는가가 그 지역의 적응이나 감축 정책 역량하고도 연결되어 있기 때문에 이를 교육하는 프로그램도 많이 만들어져야 합니다. ─이유진(사회자)

경제

# 기후대응 경제전략이
# 변하고 있다

**김병권** | 기후와 디지털 경제 연구자, 《기후를 위한 경제학》 저자

RE100과 ESG를 넘어 녹색산업 정책으로,
경제의 무한팽창에 브레이크를 거는 대안으로

기후위기는 우리가 지구의 화석연료와 자원을 과도하게 동원하여
산업생산을 하고 무한한 물질적 소비를 한 결과입니다. 한마디로 현
재의 경제 패턴이 기후를 변화시킨 것입니다. 이제는 기후를 다시 안
정시키기 위해 기후가 아니라 경제 패턴을 변화시켜야 합니다.

그런데 위기에 빠진 것은 기후만이 아닙니다. 지금 우리 경제는
2020년대 들어와서 벌써 4년째 한 해도 거르지 않고 불안정하게 흔
들리고 있는 중입니다. 2020년에 들어서자마자 코로나19 팬데믹이
세계 경제를 갑자기 중단시킨 탓에 우리 경제가 21세기 들어서 처음
으로 역성장(-0.7퍼센트 성장)을 했습니다. 경기 회복을 위해 중앙은행
은 제로 수준으로 금리를 내리고 정부가 연속적인 추경예산으로 경

기부양을 하자 2021년에는 실물경기가 아니라 부동산, 주식, 가상코인 같은 자산거품만 엄청 부풀어 올랐고 '영끌'이라는 신조어까지 등장할 정도였죠.

2022년에는 우크라이나 전쟁이 터지면서 코로나19로 인해 공급망 병목현상으로 꿈틀거리던 물가가 폭등하자, 중앙은행들이 이번에는 급격하게 금리를 인상하기 시작했습니다. 이것은 금융부실화, 가계부채 부담 가중, 자산거품 붕괴로 이어졌고, 그해 겨울 혹한과 겹치면서 난방비와 전기요금 급등까지 영향을 미쳤습니다. 경기 침체가 확실해진 2023년부터는 자산가격 하락, 실질소득 하락, 가계부채 부담 가중과 더불어 고용위기까지 염려되는 국면에 왔습니다.

### 경제를 살리기 위해 기후위기 대응을 미뤄야 할까?

이처럼 2020~2023년까지 불안정하게 흔들려온 경제가 언제 진정될지는 짐작하기 쉽지 않습니다. 과거만큼이나 미래의 경제도 매우 불확실하기 때문입니다. 2023년 경제성장률만 보더라도 2020년 코로나19 위기(-0.7퍼센트로 역성장)와 글로벌 금융위기 충격이 있었던 2009년(0.8퍼센트 성장)을 제외하고는 가장 낮은 1.6퍼센트로 전망될 만큼 암울합니다. 이처럼 기후가 아니라 경제를 바꾸자고 말하기 이전에도 이미 경제는 좋지 않았습니다. 기후가 아니더라도 우리 경제는 뭔가 고장이 나 있었고 바꿔야 할 시기가 온 것입니다.

그런데도 경제가 어려울 때면 늘 경제문제 먼저 해결한 다음에 기후위기를 챙기자는 주장들이 나옵니다. 정치권이나 언론에서 워낙 이런 경향이 많아서 그런지 여론조사를 해봐도 60퍼센트 이상의 응답자는 정부가 '경기악화 대응을 우선'에 두어야 한다고 대답합니다. 먹고사는 것 먼저 해결하고 기후위기에 대처하자는 취지일 것입니다. 그러나 기후위기는 어쩌면 먹고사는 것 이전에 '존재론적 생존'의 문제입니다. 기후위기가 몰고오는 생존의 위협은 폭염과 혹한 같은 극단적인 기후를 통해, 홍수와 가뭄 같은 자연재해의 외형을 통해, 또는 불안정한 날씨의 결과인 곡물가격 폭등 같은 방식으로 다양하게 '먹고사는 것'과 얽혀있기도 합니다.

한편 점점 불안정해지는 기존의 경제 패턴은 성장도, 일자리도 안

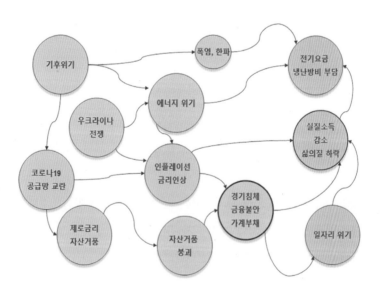

2023년 경제위기와 기후위기의 교차적 영향

정시켜주지 못하면서 기후위기를 심화시키고, 기후위기는 다시 경제와 국민 삶에 부정적인 영향을 주는 악순환에 빠져든 것이 지난 4년 동안의 세계와 한국 사회였습니다. 이제 경제 패턴을 근본적으로 변화시켜 경제의 안정화와 확실성도 되찾고, 더 이상의 기후변화도 막아야 할 시기입니다.

## 기후대응을 위한 4가지 경제행동 변화의 선택

그렇다면 기후위기를 막고 기후가 아니라 경제 패턴을 바꾸기 위한 방안으로는 무엇이 있을까요? 4가지 경제행동의 변화를 생각해 볼 수 있습니다. 첫째는 시장경제의 핵심 행위자들이자 온실가스 배출에 결정적인 책임이 있는 기업들이 자발적으로 온실가스를 줄이는 경영전략을 선택하는 것입니다. 잘 알려진 RE100(기업에서 사용하는 전력을 100퍼센트 재생에너지로 조달)과 ESG(환경, 사회, 거버넌스를 고려한 경영)가 대표적인 기후대응 경영전략이죠.

둘째는 우리 경제가 기본적으로 시장의 가격신호에 따라 수요와 공급이 조정되는 시장경제인 만큼, 온실가스를 배출하는 기업들이나 개인들에게 '탄소가격'이라는 비용부담을 주어서 탄소집약적인 산업에서 발을 빼거나 온실가스를 줄이는 기술혁신을 하거나, 탄소집약적인 제품 소비를 덜하게 유도하자는 겁니다. 한마디로 시장경제에서 온실가스를 많이 배출하는 제품을 비싸게 만들어 덜 쓰게 하자는 것이죠. 정부가 탄소세를 부과하거나, 탄소배출권거래시장

(Emissions Trading System)을 만드는 것이 대표적인 사례입니다.

셋째는 시장의 가격 신호만 가지고는 안 되겠으니, 국가가 직접 녹색 투자를 하는 등 적극적 산업 정책을 통해서 탄소집약적 산업을 녹색산업으로 빠르게 전환하자는 겁니다.

마지막으로, 녹색산업 정책이 중요하지만 그것만으로는 부족하다는 의견이 있습니다. 지금까지처럼 경제규모를 계속 팽창시켜 무한 경제성장을 계속하게 되면, 아무리 녹색산업으로 전환했다고 해도 에너지와 자원 소모의 총 규모는 과거보다 늘어나고 결국 온실가스 배출도 늘어나서 기후위기를 완화시킬 수 없다는 겁니다. 요즘 탈성장이 많이 거론되는 것처럼 성장 패러다임을 바꿔야 한다는 것입니다. 차례로 하나씩 짚어보겠습니다.

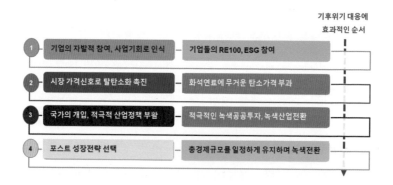

기후를 위해 바꿔야 할 경제행동 유형

## 1. 기업들의 RE100과 ESG는 '의무화'로 변하고 있다

먼저 기후대응을 위해서 가장 낮은 강도로 할 수 있는 경제행동의 변화는 온실가스 배출 책임이 가장 큰 (대)기업들이 솔선수범해서 자발적으로 배출을 줄이는 경영전략을 채택하고 실천에 옮기는 것입니다. 기업에 소모되는 전력을 재생에너지로 조달하겠다는 RE100이 우선 눈에 띄는데, 한국에서도 2022년 9월에 삼성전자가 RE100 하겠다고 발표해서 화제가 되었죠.

그런데 아래 파란색 그래프에 보시는 것처럼 글로벌 차원에서 RE100은 2022년 말 현재 397개 기업이 가입을 하고 있는데 2019년을 정점으로 하락하고 있어요. 아무래도 자발적 약속이다 보니 견고하게 확대되는 추세로 가지 못하고 있고, 그마저도 제대로 이행되고 있는지 확인하기가 어렵습니다. 자발적으로 한다는 것은 선언은 쉽지만 실제로는 잘 이행이 안 된다는 거죠.

글로벌 기업들의 RE100 가입 추이(2022년 말 397개)

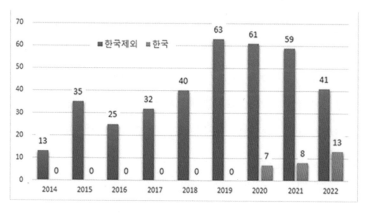

글로벌 기업, 한국 기업의 RE100 가입연도 비교

한국 기업들의 RE100 참여는 늦은 시기인 2020년부터 시작되었고 그 숫자도 그야말로 아직은 소수입니다. 더 안타까운 건 한국 기업들 중에 2030년 안에 RE100을 이행하겠다고 목표 연도를 발표한 기업은 28개 중 고작 5개 정도밖에 안 됩니다. 나머지 80퍼센트 이상은 2040년 또는 2050년까지 하겠다고 약속했죠. 너무 늦습니다. 따라서 우리 기업들에게 가장 긴급한 건 RE100 목표 연도를 당기는 겁니다. 그래야 탄소 배출 감축에 긍정적인 영향을 줄 수 있습니다.

그러면 ESG 경영을 하겠다고 한 기업들은 어떨까요? ESG도 원칙적으로는 자발적으로 실천하고 '지속가능보고서' 등을 통해 대외적으로 공시하는 것인데요. 최근 유럽과 미국에서 상장기업은 '의무공시'를 하는 방향으로 제도를 바꾸고 있다는 점을 주목해야 합니다. 유럽은 2021년 4월 '기업의 지속가능성 보고 지침'을 만들어 2022년 11월에 최종안이 유럽 의회를 통과했습니다. 2023년부터 효력이 발생하고 2024년 초부터 기업규모에 따라 단계적으로 적용됩니다. 유럽기업뿐 아니라 유럽 소재 비유럽 기업이나 유럽기업과 공급망 사슬로 연계된 기업도 해당됩니다. 미국 역시 2022년 3월 증권거래위원회(SEC)가 기후 관련 공시규칙안을 발표했고 2023년에 최종안을 확정할 예정입니다.

하지만 한국은 현재 128개 정도 기업들이 강제력 없는 자율공시를 할 뿐이고 의무공시는 2025년에 가서야 그것도 자산규모 2조 원이상 기업들에 대해서 적용되고 2030년이나 되어야 의무공시 의무가 모든 상장사들에게 부과됩니다. 그러다 보니 국내 유력 기업들은 국내 규정 준수는 급할 것이 없고 유럽이나 미국의 의무공시에 맞출 준비에 바쁜 상황입니다.

한마디로 우리가 능동적으로 우리 기준을 만들어서 탄소 배출을 줄이겠다고 하는 게 아니라 유럽이나 미국이 하자고 하니까 어쩔 수 없이 끌려가는 방식으로 하고 있다는 것입니다. 기업들이 글로벌 추세를 선도하기보다는 추종하는 식으로는 제대로 된 기후대응 효과를 기대하기 쉽지 않습니다. 사실 유럽이나 미국조차 의무공시를 한다고 해도 공시의 범위와 내용, 검증 등을 둘러싸고 여전히 모호한 대목이 많아 일부에서는 효과성에 대한 회의적 시선도 많거든요. 기왕에 하려거든 우리도 다른 선진국들과 보조를 맞춰 의무공시를 앞당기고 공시내용도 엄격히 해야 기대한 온실가스 배출 감축 효과에 기여할 것이고 시민사회로부터 '그린워싱(Greenwashing)'이라는 비판을 듣지 않게 될 것입니다.

## 2. 여전히 의심스러운 시장 메커니즘의 효과

기업의 경영전략이 아니라 기업과 소비자의 활동무대인 시장의 가격메커니즘에 일정한 변화를 줌으로써 경제 행위자인 기업과 소비자들이 온실가스 배출 감축을 하도록 해보자는 것이 두 번째 시장적 해법입니다. 대표적으로 탄소세나 탄소배출권거래제도(ETS) 같은 것이 있습니다. 현재 세계적으로 40여 개 국가와 30여 개 지방정부가 도입해서 운영하고 있습니다.

하지만 아직은 전 세계 온실가스 배출량의 20퍼센트 미만 정도에 가격이 부과될 정도로 제한적인 수준입니다. 또한 전체 배출량에 부과되는 탄소가격을 환산해보면 배출 톤당 약 2~3달러 정도에 불과할 정도로 터무니없이 가격이 낮습니다. 2018년에 노벨 경제학상을 받은 보수적인 경제학자 윌리엄 노드하우스(William Nordhaus)의 계산에 의하더라도, 지구의 추가 온도상승을 (1.5℃도 아니고) 2℃ 수준으로 제한하는 데도 탄소가격이 배출 톤당 200달러 정도는 되어야 합니다. 지금 탄소가격을 100배쯤 올려야 되는 거죠. 하지만 화석연료 기업들이나 탄소집약적 기업들의 반발로 적정한 탄소가격 부과에 지지부진한 형편이라 시장의 가격기제를 이용해서 기업과 소비자의 행동을 얼마나 바꿀 수 있을지 회의적인 시선이 여전히 많습니다. 오죽하면 〈뉴욕타임스〉가 2022년 8월 기사를 통해 기후위기 대응에 무력했던 기존 경제학을 비판하면서 "경제학자들이 그토록 공들여온 탄소가격제도가 지금까지 기후위기 대응에서 그다지 큰 역할을 하지 못했다"고 지적했을 정도입니다.

우리나라는 2015년부터 탄소배출권거래제도만 제한적으로 운영하고 있는데, 전체 배출 할당량의 90퍼센트는 '무상할당'이라서 온실가스 배출 감축에 거의 영향을 미치지 못하고 있는 실정입니다. 문제는 2023년 10월부터 유럽이 '탄소국경조정제도(Carbon Border Adjustment Mechanism; CBAM)'를 시범 도입할 예정이고 미국도 조만간 유사한 제도 도입을 검토하고 있다는 겁니다. 우리나라에서 유럽이나 미국으로 수출하는 철강이나 시멘트 등 수출품목들이 한국에서 적절한 탄소가격을 지불하지 않고 제조된 경우에는 수출할 때 유럽이나 미국에 내야 합니다.

이제 주요 수출기업들은 탄소 배출에 대한 비용을 유럽이나 미국에 내든지 아니면 미리 한국에서 돈을 내든지 선택해야 할 상황이 되었습니다. 앞서 ESG와 마찬가지로 우리나라에서 선도적으로 탄소가격을 매기지 못하고 유럽이나 미국의 탄소국경조정제도 도입에 억지로 끌려가는 모양새입니다. 선진국 제도에 끌려가지 말고 국내 탄소가격을 선진국 수준으로 끌어올릴 대책이 절실합니다.

### 3. 사라진 줄 알았던 산업 정책, 녹색으로 부활하다

기업들의 RE100, ESG 경영전략이나, 탄소가격제 같은 시장 메커니즘을 활용한 온실가스 감축 전략 등은 서구에서는 오래된 방안들입니다. 그런데도 이들만으로는 지금까지 기후위기를 막지 못했던 것 아닙니까? 그래서 ESG를 의무화한다든지, 탄소가격을 올리거나 탄소국경조정제도를 도입한다든지 하는 개선안이 나오고 있고 우리는 여기에 끌려가는 형국이지만 역시 이것만으로는 안 되겠다는 문제의식이 커지고 있습니다.

대안으로 최근 가장 주목받는 경제정책 변화가 바로 '국가의 녹색 산업 정책' 도입 경쟁입니다. 한마디로 시장의 가격 신호로만 탄소 배출을 막기는 어렵다, 국가가 적극적으로 나서서 산업 정책을 펴야 한다는 것이죠. 그동안 선진국에서는 정부가 직접 산업 정책을 펴서 산업 전환을 도모하기보다는 대체로 시장의 흐름에 맡기는 추세였는데요, 최근 대반전이 일어나고 있습니다.

사라졌던 산업 정책이 녹색산업 정책으로 화려하게 부활하고 있는 겁니다. 이 시작은 2019년부터 전 세계에서 호응을 얻었던 '그린뉴딜' 정책입니다. 그린뉴딜 정책은 미국에서는 바이든 정부가 '더 나은 재건(Build Back Better)' 정책으로 구체화했고 그 법적 최종결과가 바로 우리에게 잘 알려진 '인플레이션 감축법(IRA)'입니다. 이 법의 핵심은 인플레이션 억제나 전기차 보조금에 있는 것이 아니라 재생에너지산업 등을 중심으로 미국의 녹색산업 기반을 강화하고 이를 통해 일자리를 창출하려는 산업전략에 있습니다.

유럽도 2019년 '유럽 그린딜'을 발표한 데 이어 2021년 온실가스 감축목표를 상향시킨 '핏포 55(Fit for 55)', 2022년 러시아 가스 의존을 끊고 재생에너지 비율을 더 확대하려는 '리파워 유럽계획(REPowerEU Plan)', 그리고 2023년 '유럽 녹색산업계획(EU Green Industrial Plan)'과 이를 뒷받침할 입법으로서 '넷제로 산업법'과 '핵심원자재법'이 연속적으로 나왔는데, 그 중심에는 강력한 녹색산업 정책이 있는 겁니다.

심지어 일본도 2022년 말 '녹색전환(GX, Green Transfomation)' 계획을 발표하고 약 20조 엔을 투입하기로 결정했습니다. 중국은 수년 전에 시작한 '중국 제조 2025'를 포함해서 이미 오래전부터 국가 주도의 산업 정책을 펴왔고 그 안에 강력한 녹색산업 정책이 들어있습니다. 안타깝게도 한국은 미약한 수준에서 그나마 추진했던 2020년의 그린뉴딜조차 정부가 바뀌면서 흐지부지된 실정입니다.

그러면 왜 각 국가들이 시장의 흐름에 맡기지 않고 다시 산업 정책을 불러들여서 녹색산업 전환을 경쟁적으로 서두르고 있는 걸까요? 기후위기 대응을 위한 '탈탄소화'가 시기적으로 긴급하고 규모도 매우 커야만 효과 있는데 이를 시장의 가격기제가 감당할 수 없기 때문입니다. 또한 시장의 흐름에 맡기면 설령 탄소 배출에 대해 비싼 비용을 지불하도록 해서 기업과 소비자의 행동을 녹색 방향으로 유도한다고 해도 아직은 녹색산업이나 녹색제품의 수지타산이 높지 않아 변화가 더딥니다. 우리가 지금 탄소집약적 산업이나 제품을 버리고 녹색전환을 하려는 것은 상업적인 수지타산 때문이 아니라 기후변화 위험으로부터 시민과 공동체를 보호하는 것이 먼저라는 원칙이 있기 때문입니다.

　하지만 시장은 사회적 이익이 아니라 시장에 참여하는 기업들이나 소비자 개인들이 개인적 이익에 따라 작동하는 메커니즘입니다. 한마디로 돈벌이가 안 되면 기업은 안 움직인다는 겁니다. 그래서 국가가 나서서 기후위기도 막고, 자국의 녹색산업 기반도 튼튼히 해서 고용 문제도 해결하려고 녹색산업 정책을 비중있게 추진하는 겁니다.

　우리나라도 야당 일부에서 한국판 인플레이션 감축법을 만들어야 한다고 하지만 위와 같은 문제의식이 뚜렷하지 않습니다. 정부와 여당은 녹색산업 정책은 고사하고 오히려 탄소집약적인 우주, 항공, 군수, 이런 쪽으로 가겠다고 해서 굉장히 걱정스럽습니다.

　특히 정부가 녹색산업 정책을 외면하면서 생긴 가장 큰 문제는 재생에너지 정책이 멈춰서버렸다는 겁니다. 재생에너지 정책은 현재

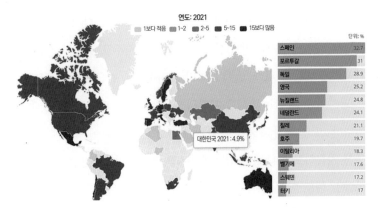

연도: 2021

1보다 적음 ▪1-2 ▪2-5 ▪5-15 ▪15보다 많음

단위: %

대한민국 2021 : 4.9%

| 스페인 | 32.7 |
| 포르투갈 | 31 |
| 독일 | 28.9 |
| 영국 | 25.2 |
| 뉴질랜드 | 24.8 |
| 네덜란드 | 24.1 |
| 칠레 | 21.1 |
| 호주 | 19.7 |
| 이탈리아 | 18.3 |
| 벨기에 | 17.6 |
| 스웨덴 | 17.2 |
| 터키 | 17 |

글로벌 재생에너지 추이와 한국의 비중

세계적으로 엄청나게 빠른 속도로 가고 있는데 한국의 풍력, 태양광 발전 비중은 2021년 기준 5퍼센트도 안 됩니다. 심지어 중국, 일본, 미국 다 10퍼센트를 너머 두 자릿수 이상입니다.

재생에너지가 왜 중요한가 하면 모든 녹색전환의 선행 조건이기 때문입니다. 수소산업을 그린수소로 하려고 하면 반드시 재생에너지가 먼저 있어야 합니다. 전기차 확대가 온실가스 감축에 기여하려면 석탄화력발전에서 나온 전기가 아니라 태양광과 풍력으로 생산된 전기를 써야 합니다. 하다못해 기업들이 RE100을 하려 해도 재생에너지가 필요한데, 현재 정부에서는 2030년까지 재생에너지 비중을 기존 계획인 30퍼센트에서 약 21퍼센트 수준으로 오히려 낮춰 놓았습니다. 한국에서 재생에너지 발전은 워낙 초기 단계여서 국가의 공공투자를 선두로 강력한 녹색산업 정책을 통해 짧은 시간 안에 획기적으로 높여야 합니다. 그럴 때 나머지 영역에서 빠르게 녹색전환에 성공하고 온실가스 배출을 의미있게 줄일 수 있게 될 것입니다. 그리고 이를 통해 한국에서 견고한 녹색산업 기반을 확대함으로써 특히 지방의 산업 쇠퇴와 지방소멸 위기에 대응하고 일자리 창출에도 기여하게 될 것입니다.

## 4. 성장전략 변화로 녹색산업 정책을 보완해야

그러면 이제 가장 강력한 경제 행위자인 국가가 나서서 적극적으로 녹색산업 정책을 도입하면, 기후위기를 막으면서 경제도 안정화시킬 수 있는 거냐고 질문할 수 있습니다. 아직은 아닙니다. 숙제가 한 가지 더 남았기 때문이죠. 기존의 탄소집약적 산업, 회색산업을 그대로 두고 녹색산업을 추가로 확대하면 오히려 온실가스 배출량이 더 늘어나서 기후위기에 부정적인 영향을 줄 수도 있습니다.

우선 대기권을 포함한 지구의 수용능력이 현재 얼마나 위험한 상태에 와 있는지 확인해볼 필요가 있습니다. 우리 경제를 달리는 자동차에, 그리고 기후위기 경고등이 켜진 것을 빨간 신호등으로 비유해 봅시다.

자동차를 몰고 가다가 기후위기라는 빨간 신호등(다음 그림에서 지구의 수용능력 한계선)을 발견하면 이성적인 운전자는 곧바로 자동차를 멈춰 신호를 지킬 것입니다. 이렇게 경제 활동을 지구의 한계선에 맞춰서 관리하는 것이 생태경제학자들이 말하는 '정상상태 경제(steady-state economy)'이고 첫 번째 그림입니다. 그런데 유감스럽게도 우리는 이미 첫 번째 경계선은 넘어버렸습니다.

빨간 신호등을 보고 곧바로 브레이크를 밟지 못해서 정지선을 추월해버렸지만 뒤늦게라도 멈춰선다면 큰 사고는 막을 수 있을 것입니다. 이것이 두 번째 그림에 해당합니다. 지구생태계의 수용능력이 어느 정도 손상을 입고 경제도 타격을 받지만 수습 못 할 정도는 아닙니다. 현재 우리의 상태가 바로 여기이고, 지금 지구의 추가 온도 상승 1.5°C 한계선을 넘기 직전 상태인 것입니다. 기회가 남았다는 것이죠.

만약에 우리 경제가 뒤늦게라도 브레이크를 밟지 않고 그대로 빨간 신호등을 무시하고 질주한다면 세 번째 그림, 즉 지구 평균온도 상승은 2°C를 넘어 지구의 생태계 시스템이 이전으로는 회복 불가능한 교란을 겪을 것이고 우리 경제와 사회도 심각한 붕괴를 겪게 될 것입니다.

이처럼 우리 경제가 지구 수용능력 한계를 초과하는 상태로 진입

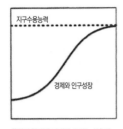

물질적 한계가 경제에 보내는 신호에 즉각적이고 정확하며 곧바로 반응한다.

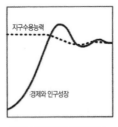

신호나 반응이 지체. 하지만 한계에 도달해도 한동안 손상받지 않거나 손상에서 빠르게 회복한다.

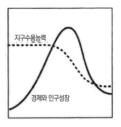

신호나 반응이 계속 지체되어 포인트를 넘어서면 회복 불가능한 손상을 입는다.

출처 : 《성장의 한계》

**지구한계를 추월하려는 우리 경제**

했다는 사실을 외면한 채 ESG 경영을 채택하고, 탄소가격제를 강화하며, 녹색산업 정책을 도입해봐야 기후위기의 근본적인 해결에 도달할 수는 없습니다. 우리 경제가 지구생태계가 감당 가능한 범위 안에서 안전하게 유지되도록 경제규모를 제한할 필요가 있다는 것입니다. 이런 주장들 가운데 하나가 요즘 부쩍 목소리가 커지는 '탈성장(degrowth)'이기도 합니다.

구체적으로 어떻게 경제규모를 안전하게 유지할거냐 하는 질문이 있을 텐데요, 전체 경제규모를 더 이상 키우지 않으면서 생산과 소비에서 줄일 부분을 대폭 줄이고, 반대로 늘려야 할 부분을 확대해서 경제를 녹색으로 전환하자는 것입니다. 예를 들어 대형 토건사업이나 공항건설 등 탄소집약적 투자나 생산은 대폭 줄이면서, 재생에너지 등의 녹색투자는 반대로 크게 늘립니다. 비행기나 고급 내연기관차 소비는 줄이면서 대중교통이나 자전거의 사용을 대폭 확대합니다. 이 과정에서 녹색산업 정책은 물론 매우 중요한 역할을 하게 될 것입니다. 이런 식으로 생산과 소비에서 각각 줄여야 할 것과 늘려야 할 것들을 다이내믹하게 바꾸는 경제정책이 필요합니다.

요약해보겠습니다. 지금 기후위기가 우리 생존을 위협하는 벼랑 끝에 와 있는데, 경제마저도 제대로 작동하지 않고 있습니다. 그렇다고 경제를 살린다는 구실로 기후위기를 방치한다면 우리의 생존은 물론 경제도 큰 타격을 받게 될 것입니다. 경제를 먼저 바꿔서 기후를 다시 안정시키고 경제도 살릴 방안이 절실합니다.

기업들이 자발적으로 하는 RE100과 ESG 경영을 도입하는 변화는 제한적으로만 기후변화 대응에 도움이 됩니다. 유럽과 미국의 의무공시 규정에 뒤따라가서는 그조차도 확실하지 않습니다. 우리도 선진국처럼 의무공시를 앞당겨 실시해야 합니다.

시장의 가격기제를 이용해 기업과 소비자들이 온실가스를 덜 배출하도록 하는 방법인 탄소가격제나 배출권거래제도 매우 제한적으로만 작동하고 있습니다. 이 역시 유럽과 미국의 탄소국경조정제도에 뒤따라가지 말고, 국내에서 선도적으로 무상할당을 대폭 줄여서 제대로 된 배출권거래제도를 하든지 아니면 탄소세를 전격 도입하든지 해야 합니다.

최근 기후위기 대응을 위한 경제정책에서 글로벌 추세가 크게 변하고 있습니다. 시장의 가격기제 의존이 한계가 많다는 걸 인식하고 기후대응과 자국 산업기반 구축을 위해 경쟁적으로 녹색산업 정책을 채택하고 있는 것입니다. 아직 한국만 이렇다 할 강도 높은 산업정책이 없습니다. 한국도 녹색산업 정책을 적극 검토해야 합니다. 그래야 경제와 기후를 모두 안정화시킬 방안을 찾게 될 것입니다.

다만 이것이 지구생태계의 수용능력을 넘어가지 않도록 기존 회색투자, 토건산업의 대폭적인 축소를 동반하도록 해야 합니다. 기후를 살리면서 한국 경제도 안정화시킬 수 있는지의 여부는 이처럼 지구생태계의 수용능력 안에서 탄소집약적 기존 산업과 경제를 탈탄소산업과 경제, 소비구조로 얼마나 빠르게 대규모로 추진할지에 달려 있습니다.

## Q. 유럽이나 미국처럼 우리가 능동적으로 움직이지 못하는 이유가 뭔가요?

A. 우리나라 기업들은 유럽이나 미국 기업들에 비해 왜 뒤늦을까요? 여러 가지 이유가 있을 텐데, 그건 어쩌면 기업 탓일 수도 있지만 정부 탓일 수도 있습니다. 유럽이나 미국의 경우 처음에는 자발적으로 움직이는 것 같지만 지금 속도를 내고 있는 건 다른 이유입니다. ESG 사례를 살펴보죠. 유럽은 올해부터 ESG를 의무공시제도로 전환시켰습니다. 미국도 2022년에 의무공시를 위한 안을 미국 증권거래위원회에서 만들고 2023년에 확정을 지을 예정입니다. 그러면서 안 움직일 수 없는 상태가 된 겁니다. 한쪽에서는 일부 기업들이 선의로 자발적으로 움직이지만 다른 한쪽에서는 정부가 일정한 규칙과 규제의 틀을 만들어서 안 움직일 수 없는 상태를 만들고 있습니다. 그런데 한국은 지금 자체적인 거버넌스를 만들어서 우리도 이렇게 하자고 하는 게 아니라 매우 수동적인 자세로 나오고 있습니다. 기업들은 그렇게 나올 수밖에 없다고 쳐도 정부는 한발 앞서서 우리가 끌려갈 게 아니라 우리 나름대로 규칙을 만들어서 대응하자고 해야죠.

탄소국경조정도 지금대로 가면 그 돈을 유럽에 갖다 내게 됩니다. 탄소 실제 가격을 우리도 유럽만큼 올려버리면, 다시 말해 국내에서 그만큼의 비용을 내면 유럽에 돈을 낼 필요가 없습니다. 그런데 여전히 탄소국경조정에 어떻게 대응할 거야, 라고만 하고 있지 적극적으로 국내에서 어떻게 흡수할 것인지에 대해서는 논의가 없습니다. 이런 상황을 보면 1차적으로는 기업 탓이긴 하지만 정부의 책임이 적지 않다는 점을 강조드리고 싶습니다.

**Q. 탈성장 사회로 가기 위해서 어떤 준비가 필요할까요?**

**A.** 지금 산업 정책이 가장 중요합니다. 우리나라의 경우 ESG나 탄소국경조정 때문에 그나마 미국이나 유럽을 억지로 따라 하고 있습니다. 그런데 지금 따라 하지 않고 있는 것이 미국의 인플레이션 감축법과 일본의 녹색전환(GX) 그리고 유럽의 녹색산업계획과 같은 것입니다. 그러한 것이 한국에는 없습니다. 얼마 전에 보니 야당 대표도 그것을 산업 정책의 문제가 아닌 통상의 문제로 바라보고 있더라고요. 그러면 안 됩니다. 국내에 일자리 어떻게 만들 건지, 재생에너지를 포함한 녹색산업과 녹색 제조업의 기반은 어떻게 만들 건지를 기준으로 어떻게 탈탄소 사회로 갈지에 대한 그림을 그려야 하는데 이게 결정적으로 빠져 있습니다. 또한 녹색산업 정책을 얘기하더라도 기존 회색산업들은 회색산업대로, 공항 짓는 건 공항 짓는 것대로 그대로 두고 부가적으로 녹색투자를 하는 방식은 곤란합니다.

물론 재생에너지 투자로 인해서 탄소가 감축되기도 하겠지만 나머지 부분에서는 그대로 가기 때문에 총량으로 규모가 커지면 탄소배출 허용량을 넘어서게 됩니다. 그래서 늘릴 것과 줄일 것에 대한 정책을 동시에 해야 합니다. 회색 투자들은 줄여야 하고, 소비재도 사치재나 과잉소비 같은 것은 줄이고 필수재, 즉 국민들이 보편 서비스를 받아야 할 것들은 크게 늘려야죠. 이런 정책을 동시에 해야 합니다. 탈성장이라는 게 오늘부터 성장 안 할 거야, 라고 해서 실천할 수 있는 게 아닙니다. 현실 정책에서는 상당한 정도로 과도기가 필요하기 때문에 녹색산업 정책과 탈성장 정책이 배합돼야 합니다. 대한민국도 이미 선진국이 돼서 4%, 5% 성장을 하고 싶어도 할 수 없습니다. 예전에는 그나마 국제 수준 내에서 3% 정도 내에서 글로벌 평균 성장을 했는데 그것도 이제 안 됩니다.

경제학자들이 이야기하는 것 중에 최악이 뭐냐 하면 성장하고 싶었는데 성장에 실패한 거라고 합니다. 그러면 실업이 생기고 여러 가지 경제 충격이 생기는 거죠. 그런데 지금 우리가 여전히 그런 국면으로 가는 게 아닌가 싶습니다. 어쩌면 선진국이든 한국이든 지금이 그런 성장 패러다임을 전환하는 아주 중요한 기회일 수도 있습니다. 그리고 경기 침체가 된 지금이 그런 시점이 아닌가 싶습니다.

#

하지 말아야 할 것과 해야 할 것을 명확히 구분해야 한다는 이야기로 들립니다. 예를 들면 공항을 짓는다거나 석탄발전소를 신규로 짓는 것은 명백하게 하지 말아야 할 일이죠. 지금 수라갯벌이라든지 한국에 짓겠다는 신규 공항이 8개나 되는데 이는 기후위기 시대에 정말 맞지 않는 방향이죠. 확실한 방향 전환이 필요한 영역인 것 같습니다.–이유진(사회자)

# 금융과 산업계는
# 기후위기에 어떤 영향을 받는가

**이한경** | 에코앤파트너스 대표

ESG가 필수가 되고 탄소중립 달성을 위해 각종 규제가 도입되는 지금,
산업계와 금융권은 어떤 영향과 요구를 받고 있는가

　최근 산업계와 금융권이 체감하는 기후변화는 과거와는 전혀 다른 형태로 다가오고 있습니다. 파리기후변화협약을 통해 전 세계 국가들이 탄소중립을 선언했으며, 몇몇 국가는 법제화를 통해 탄소중립에 대한 강한 추진기반을 만들고 있습니다. 탄소중립은 새로운 국제규범으로 자리 잡고 있으며, 이는 산업계의 ESG 경영을 촉진하는 큰 축이 되고 있습니다. 탄소중립 달성을 위해 새로운 산업규제, 무역규제, 금융규제가 도입되고 있으며, 이러한 분위기는 소비자의 인식도 바꿔놓고 있습니다. 이는 산업계가 ESG 경영을 선택이 아닌 필수로 해야 하는 이유가 되고 있습니다.

　산업계는 ESG 경영에 대한 공시 의무화, 공급망 실사 의무화 등의

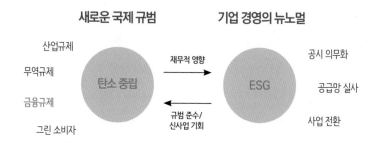

새로운 국제 규범　　　기업 경영의 뉴노멀

산업규제

무역규제　　　　탄소 중립　　재무적 영향 →　　　ESG

금융규제　　　　　　　　　　← 규범 준수/
　　　　　　　　　　　　　　　신사업 기회

그린 소비자

공시 의무화

공급망 실사

사업 전환

출처 : 글로벌공급망 관점에서의 ESG Drivers, 이한경,
중소기업 탄소중립 대응방안 세미나, 2022.10 (중기부, ASEIC)

탄소중립과 기업 ESG의 관계

형태로 직접적인 영향을 받게 됩니다. 금융기관은 금융감독 기구로부터 그들의 투자자산에 대한 탄소배출량을 공시하거나 투·융자 단계에서 기후리스크를 고려할 것을 요구받고 있습니다.

## 금융과 산업계에 기후위기가 미치는 영향

　ESG 규제는 다양하고 복잡하기 때문에 기업 관점에서 내용을 정리해볼 필요가 있습니다. 우리 산업계는 기후변화, ESG에 대한 요구를 크게 2가지 경로로 받고 있습니다. 바로 고객사와 금융기관입니다. 우리의 고객사는 왜 ESG를 요구할까요? 왜냐하면 그들의 고객사가 ESG 규제에 대응을 해야 하기 때문입니다.

　가장 대표적인 ESG 규제로는 유럽연합(이하 EU)의 지속가능성 실사법(CSDD), EU의 지속가능경영 공시의무(CSRD), 국제회계기준(IFRS)

의 지속가능성 공시기준 등이 있습니다. 이 규범의 핵심이자 공통점은 모두 스코프 3(Scope 3) 관리요구를 한다는 것입니다. 스코프 3은 기업의 사업장 외부에서 발생하는 탄소배출량을 의미하는 것으로, 제품의 밸류체인에서 업스트림(원부자재 제조)과 제품판매 및 사용, 폐기를 포함하는 다운스트림, 제품의 수송, 직원 출장, 투자자산 등 범위가 꽤 방대합니다. 이러한 영향 때문에 과거에는 대기업만 대응했지만 지금은 그들의 협력사인 중소·중견기업도 대응이 시급한 상황입니다.

이외에도 자동차, 배터리 품목에 적용되는 제품의 LCA(Life Cycle Assessment) 규제가 있습니다. LCA는 제품의 원료 채취, 제품의 제조·수송·사용·폐기에 이르기까지 전 과정에 걸쳐 환경영향을 평가하는 기법이며, 앞서 설명한 스코프 3 범주와 맥락을 같이하고 있습니다. 2024년부터 판매되는 배터리는 전 과정 탄소발자국을 공개하도록 하고 있으며, 신차에 대한 탄소배출규제 방식을 운행 기준(Fuel Cycle)에서 전 과정 기준으로 전환하는 것을 검토 중에 있습니다. 민간 차원에서도 나이키, 애플 등 글로벌 기업들은 그들 제품의 탄소배출량(Carbon Footprint)을 줄이기 위해 협력사에게 LCA 수행을 요구하기도 합니다.

이처럼 ESG 중에서 기후변화를 포함한 환경(E)에 대한 규제가 특히 강화되는 분위기입니다. 2021년 중기중앙회에서 실시한 설문조사에서는 가장 대응이 어려운 분야, 그리고 가장 중요한 분야로 환경을 꼽았습니다.

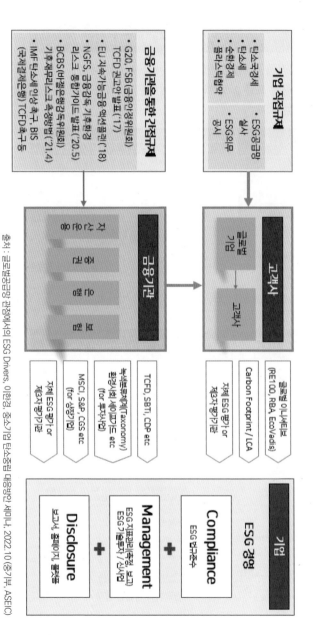

산업계는 어떤 영향을 받는가?

**기업 직접과세**
- 탄소국경세
- 탄소세
- 순환경제
- 플라스틱법안

- ESG공급망
- 실사
- ESG의무
- 공시

**금융기관을 통한 간접과세**
- G20, FSB(금융안정위원회)
- TCFD 권고안 발표('17)
- EU 지속가능금융 액션플랜('18)
- NGFS, 금융감독 기후환경
- 리스크 통합가이드 발표('20.5)
- BCBS(바젤은행감독위원회)
- 기후 재무리스크 측정방('21.4)
- IMF 탄소세 인상 축구, BIS
- (국제결제은행) TCFD촉구 등

**금융기관**
- 자 산 운 용
- 증 권
- 은 행
- 보 험

→ **고객사**
- 글로벌 기업 → 고객사

**TCFD, SBTi, CDP etc**
녹색분류체계(Taxonomy)
환경성적 세이프가드 etc
(for 투자사)

**MSCI, S&P, CGS etc**
(for 상장기업)
자체 ESG평가 or
제3자평가기관

**글로벌 이니셔티브**
(RE100, RBA, EcoVadis)
Carbon Footprint / LCA
자체 ESG평가 or
제3자평가기관

**기업**

**ESG 경영**

**Compliance**
ESG법규준수

＋

**Management**
ESG지표관리(측정, 보고
ESG기술투자 / 신사업

＋

**Disclosure**
보고서, 홈페이지, 풀지속

출처 : 글로벌공급망 관점에서의 ESG Drivers, 이향경, 중소기업 탄소중립 대응방안 세미나, 2022.10(중기부, ASEIC)

## (EU) 기업지속가능성 보고 표준, ESRS

- **(적용 시기)** '24년부터 단계적 의무화 적용
- 공통 표준 2가지와 ESG에 대한 11가지 세부 주제별 표준 제안

| 공통 표준 | 주제별 표준 | | |
|---|---|---|---|
| | 환경(E) | 사회(S) | 지배구조(G) |
| ESRS 1 일반 원칙 | ESRS E1 기후변화 | ESRS S1 내부 인력 | ESRS G1 거버넌스·리스크 관리 및 내부 통제 |
| ESRS 2 일반, 전략, 거버넌스 및 중대성 평가 공개 요건 | ESRS E2 오염 | ESRS S2 공급망 내 근로자 | ESRS G2 사업활동 프로세스 |
| | ESRS E3 물과 해양자원 | ESRS S3 지역사회 | |
| | ESRS E4 생물다양성과 생태계 | ESRS S4 소비자 및 최종 사용자 | |
| | ESRS E5 자원 사용 및 순환 경제 | | |

※ 자료: 유럽 재무보고자문그룹 (EFRAC), Ernst & Young

자료: 대한상공회의소

- **Scope 3**를 의무공개 요건으로 제시함

---

## (美) 기후공시 규칙 개정안, Regulation S-K, S-X

- **(적용 시기)** 최종안 확정 시 '23년부터 기업 규모별 단계적 도입 예정
- 투자자 보호가 일차 목적, 기후중심(TCFD기반) 공시

| 구분 | 공시 일정 | | Scope 1 및 Scope 2 온실가스 공시 준수 시점 | |
|---|---|---|---|---|
| | Scope 1&2 | Scope 3 | 제한된 인증 | 합리적 인증 |
| 성장 대기업 | 2023년 회계연도 정보 (2024년 제출공시) | 2024년 회계연도 정보 (2025년 제출공시) | 2024년 회계연도 정보 (2025년 제출공시) | 2026년 회계연도 정보 (2027년 제출공시) |
| 성장 중견기업 | 2024년 회계연도 정보 (2025년 제출공시) | 2025년 회계연도 정보 (2026년 제출공시) | 2025년 회계연도 정보 (2026년 제출공시) | 2027년 회계연도 정보 (2028년 제출공시) |
| 성장 소기업 | 2024년 회계연도 정보 (2025년 제출공시) | 2025년 회계연도 정보 (2026년 제출공시) | 면제 | 면제 |
| 소규모 보고기업(SRC) | 2025년 회계연도 정보 (2026년 제출공시) | 면제 | 면제 | 면제 |

자료: PwC Korea

- 해당 규칙안은 <u>온실가스 배출량 Scope 3* 포함</u>
  - *Scope 3가 감축 목표에 포함되거나 중요한 경우

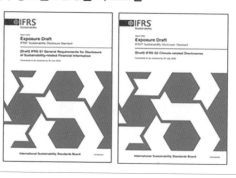

**대표적인 ESG 규제** 공통점은 모두 TCFD 프레임워크를 기초로 하며, 스코프 3 관리를 요구한다는 것

## 금융기관은 어떤 규제를 받을까

금융기관이 탄소중립을 하는 이유는 명확합니다. 금융기관은 내가 투자한 자산이 기후변화로부터 안전하길 원합니다. 다른 이유도 명확합니다. 탄소중립 사회로 가기 위해서는 도시, 산업, 농업, 수송, 에너지 등 많은 변화가 예상됩니다. 이 과정에서 많은 신사업이 일어나게 되며, 이를 금융기관들은 새로운 투자기회로 여깁니다. 즉 자신의 투자자산의 손실을 막기 위해서, 그리고 새로운 산업에서 수익을 창출하기 위해서 기후변화를 바라봅니다.

현재 금융기관은 그들의 투자자산에 대한 온실가스 배출량을 산정하고 투자자산을 포함한 탄소중립 로드맵을 만들고 있습니다. 이는 자생적으로 추진하는 것이 아닙니다. 글로벌 금융감독 기관들이 이를 촉구하기 때문입니다.

2017년 6월 금융안정위원회(FSB)는 기후변화 관련 재무정보 공개를 요구하는 TCFD(Task Force on Climate-related Financial Disclosure) 권고안을 발효했으며, 2020년 1월 국제결제은행(BIS)은 중앙은행의 기후변화 재무 리스크 식별 방법론(TCFD)을 언급한 바 있습니다. 2020년 5월 NGFS*에서 금융감독기관 가이드를 발표하면서 금융기관이 본격적으로 움직이기 시작한 것으로 판단됩니다.

기후변화 재무정보 공개 국제표준으로 자리 잡고 있는 TCFD가 뜨거운 감자로 떠오르고 있습니다. TCFD 권고사항은 크게 기후 관련 리스크 및 기회를 보는 조직이 제대로 작동하는지(거버넌스), 기후 관련 리스크 및 기회가 조직의 사업, 전략, 재무계획에 미치는 영향(전략), 조직이 기후 관련 리스크를 식별, 평가, 관리하는 절차(리스크 관리), 기후 관련 리스크 및 기회를 평가, 관리하기 위해 사용되는 메트릭스와 목표로 프레임워크가 구성됩니다.

TCFD에서 두 가지 큰 도전이 있는데, 바로 시나리오 분석입니다. 기후변화로 인해서 자신의 비즈니스가 안전한지 아닌지에 대한 분석은 전 세계적으로 사례가 부족한 상황이라 상당히 난이도가 높다

---

* Network of Greening the Financial System, 2017년 말 중앙은행과 금융감독기관 주도로 설립

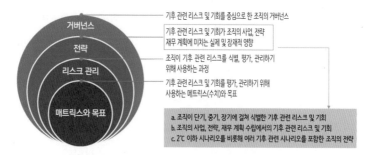

출처 : TCFD, '기후 관련 금융 공개에 관한 테스크포스(Task Force on Climate-related Financial Disclosures)의 권고사항', 2017년 6월

TCFD 권고사항의 핵심 요소

고 볼 수 있습니다. 다른 도전은 스코프 3을 관리해야 한다는 점입니다. 스코프 3를 감축목표에 포함하거나 중요하게 영향을 미치는 경우 관리 범위에 포함하도록 명시하고 있습니다.

## 우리는 현재 어디까지 왔나?

우리나라도 꽤 많은 지침이 발표되었습니다. 정부부처가 주도한 지침이 상당히 많습니다. 대표적인 것으로 금감원에서 나온 〈기후리스크 관리 지침서〉가 있고, 5대 금융권에서 나온 〈금융권 녹색금융 핸드북〉도 있습니다. 〈케이 텍소노미(K-Taxonomy)〉는 녹색투자 활동을 정의한 지침입니다. 녹색금융 추진 시 그린워싱을 예방하기 위한 목적이며, 녹색채권을 중심으로 파이낸싱, 녹색여신, 펀드 등으로 확대 적용될 예정입니다. 2022년 12월에 초안이 발표되었는데, 환경 개선에 기여하는 14개 분야 74개 경제 활동으로 구성되었습니다.

중요한 개념이 있는데 6대 환경목표(온실가스 감축, 적응, 순환경제, 오염방지, 물, 생물다양성)에 기여하되, 심각한 환경피해가 없다는 것을 증명해야 녹색경제 활동으로 인정받게 됩니다.

또 한 가지 주목할 만한 내용이 있습니다. 한국은행이 '기후리스크 분석결과'를 발표했는데, 기후리스크가 높은 기업은 부도율이 높고 주식가치가 하락한다는 유의성 있는 분석결과가 제시되었습니다.

## 감독당국의 역습 : 금융의 그린워싱

ESG 및 TCFD 경영 및 투자에서 그린워싱에 대한 규제당국의 감시 및 제재가 점차 강화될 것으로 전망됩니다. 골드만삭스가 청정에너지, ESG 펀드를 애초에 홍보한 내용과 다른 방식으로 운용함에 따라 미국 증권거래위원회(SEC)가 조사에 착수한 기사가 발표된 적이 있습니다. 독일 자산운용 기업인 DWS그룹의 경우 ESG 펀드 관련하여 투자자산을 과대평가한 의혹으로 대표가 사임하고 미국 증권거래위원회와 독일 금융당국이 조사에 착수했습니다.

## 2023년 금융·산업 부문 주요 전망

2023년 금융과 산업계는 기후리스크를 어떻게 기업 경영에 인게이지먼트 할 것인지가 관건이 될 것입니다. 또한 그린워싱에 대한 감시는 각 부문별로 강화가 될 전망입니다.

미국 증권거래위원회, 국제회계기준위원회 등은 올해 ESG 공시규정을 발표할 예정입니다. 우리나라도 자산규모 2조 원 이상일 경우 2025년까지 의무화, 그 외 상장기업은 2030년까지 의무화한다는 로드맵이 있습니다. 대외 여건을 고려하면 의무화 시기를 앞당겨야 한다는 찬반 논의가 일어날 것으로 보입니다. 이미 초안이 공개된 EU 공시규정은 EU 소재 법인을 보유하고 있는 국내 대기업에 직접적인 영향을 미치므로 즉각적인 대응 준비에 돌입하게 될 것입니다. 이외에도 글로벌 기업의 스코프 3 위치에 있는 국내의 많은 중소·중견기업이 관련 정보 요구를 받게 될 것입니다.

**Q. 최근 그린워싱에 대한 논란이 많은데, 그린워싱에 대한 사례와 제재할 방법이 없을지 궁금합니다.**

**A.** 그린워싱(Greenwashing)은 친환경을 뜻하는 'Green'과 세탁을 뜻하는 'Whitewashing'의 합성어입니다. 기업에서 실제 친환경 경영을 하고 있지 않으나 마치 친환경인 것처럼 속여 홍보하는 것을 그린워싱이라고 합니다. 가령 친환경인증 마크와 유사한 이미지를 부착하여 소비자를 기만하거나 제품 생산 과정에서 발생하는 환경오염 문제를 숨긴 채 친환경에 해당하는 일부 공정만 알리는 행동도 모두 해당됩니다. '무독성', '친환경' 등의 용어를 무분별하게 사용하는 것도 모두 그린워싱에 해당합니다.

제품에 대해서는 제한적이긴 하나 단속이 이루어집니다. 공정거래위원회의 '환경관련 표시·광고에 관한 심사지침'이라는 고시를 제정해 시행하고 있으며, 내용을 보면 "표시·광고의 내용과 표현 및 방법이 사실에 근거하고 명료·정확하여 직접적 또는 간접적으로 소비자를 기만하거나 오인시킬 우려가 없어야 한다"고 규정하고 있습니다.

금융의 관점에서 그린워싱을 방지하기 위한 규율도 만들어졌습니다. 바로 케이텍소노미(K-Taxonomy, 한국형 녹색분류체계)인데요, 그린뉴딜을 위해 사용될 자금들이 위장환경주의에 속아 실제로 필요한 곳으로 흘러들어가지 못하는 경우가 생기지 않도록 억제하는 기준이라고 이해하시면 됩니다. 이 기준에 따르면 녹색경제 활동은 온실가스 감축, 기후변화 적응, 물, 순환경제, 오염, 생물다양성 등 6대 환경목표에 기여하고 그 과정에서 심각한 환경 피해가 없다는 것을 증명해야 합니다. 산업계와 금융기관은 바로 이 텍소노미 기준에 근거한 매출실적, 투자실적 등을 공시하도록 규율이 만들어질 예정입니다.

# #

그린워싱에 대해서 계속 주목해야 할 것 같습니다. 녹색전환연구소에서는 최근 기업 감시팀을 만들었습니다. 기업들이 기후변화에 관한 정보 공개를 하는 보고서인 TCFD를 현재 우리나라 기업 중 160개 정도가 썼습니다. 저희가 배출량 순위로 50위까지의 보고서를 보았는데. 정말 엉망으로 써놓고 TCFD 보고서를 썼다고 하는 곳도 있습니다. 그래서 저희가 2023년 상반기 중에 기업들의 TCFD 보고서 내용을 분석해서 공개할 예정입니다. 또 이 TCFD 보고서를 시민들이 보고 있다는 것을 알리기 위해 보고서 내용에 대한 강좌를 다섯 번에 걸쳐 마련할 예정입니다. 에너지 산업 분야의 TCFD 보고서만 모아서 보기도 하고, 다배출 분야를 모아서 보기도 하고요. 많은 사람들이 이 보고서를 지켜보고 분석하고 있다는 것을 알도록 해야 합니다. 우리 스스로 칼날을 날카롭게 벼려서 기준을 만들어 감시하는 일도 필요합니다. - 이유진(사회자)

# 기후위기 시대,
# 정의로운 전환과 노동

**김종진** | 일하는시민연구소 소장, 유니온센터 이사장

기후위기 전망도 어둡지만 노동 분야도 정말 힘들 것이라고
다들 전망하고 안타까워한다. 노동과 정의로운 전환에 관련한 이야기를 들어본다.

최근에 독일의 홈페이지를 보니 행정부서 명칭이 '경제기후부'로
바뀌었습니다. '이것이 우리 사회에서 가능할까? 한국 중앙부처 중
가장 핵심 부서라고 하는 기재부를 기후재경부로 바꿀 의지가 우리
는 있나? 그 의지가 없다면 산업 정책, 일자리, 노동은 하위 파트너
의 정책에 국한되지 않나?' 하는 생각을 해봅니다.

2008년 고려대학교 수능 문제에 '감정노동'이 출제되었습니다. 그
당시 우리는 육체노동과 정신건강 일부만이 노동이라고 생각했는
데, "내 마음을 사업 현장에서 우월적 지위 관계를 갖고 있는 사업주
만이 아니라 클라이언트, 소비자, 이용자, 시민까지 평가해?"라는 질
문을 던진 것입니다. 그로부터 10여 년이 지난 지금, 감정노동은 우

리의 일상이 됐습니다. 코로나 시기인 지난 3년간 우리 모두는 세계
보건기구(WHO)의 지침 혹은 규정에 따라 살았죠. 유엔 산하 전문기
구인 세계보건기구는 1948년에 출범하였습니다. 국제노동기구(ILO)
는 이보다 약 30년 전인 1919년에 만들어졌습니다. 100년이 넘었
죠. 2013년 국제노동기구는 노동과 관련하여 기후위기와 정의로운
전환을 처음으로 언급했습니다. 10년이 돼갑니다. 2019년에는 정의
로운 전환의 7대 이행 원칙과 비전에 대해 이야기했습니다. 그런데
우리 행정부는 불과 몇 년 전 '정의로운 전환'을 (저는 불편한) '공정한
전환'이라고 이야기했습니다. 정의로운 전환은 '시장 정의'를 말하는
것이 아닙니다. '사회 정의', 다시 말하면 '기후 정의'를 이야기하는
것입니다.

## 기후위기에 대한 논의와 정의로운 전환 문제

요사이 몇 년간 시민사회나 연구 단체에서 정의로운 전환에 대한
인식과 상태를 살펴본 조사가 많습니다. 그런데 정의로운 전환 자체
를 묻지 않는 조사도 있습니다. 최근 유니온센터에서 서울 지역 청년
들에게 조사를 했습니다. 기후위기 교육 혹은 유관 교육 경험이 5명
중 1명 정도였습니다. 문제는 정의로운 전환에 대한 교육 경험이 10
명 중 1명이 채 되지 않았다는 것입니다. 정의로운 전환은 노동과 산
업에서 보면 사회의 지속가능한, 유용한 산업과 일자리로의 전환을
의미합니다. 이 과정에서 일하는 시민들이 불이익을 받지 않아야 하

죠. 특히 탄소배출량이 높은 곳에서 일하는 노동자만이 아니라, 사각지대에 놓인 노동자와 시민이 불이익을 받지 않도록 하고 지역사회 전반에 초점을 두어야 하는 이유가 있습니다.

탄소유발계수에 따라 탄소배출량이 높은 산업부터 중간 그리고 낮은 산업을 세 그룹으로 구분하면, 우리가 2030년 이전에 판단해야 될 산업으로 화력과 내연기관 분야를 이야기합니다. 이곳은 1주 52시간 이상, 장시간 노동을 하는 사업장들입니다. 저는 조금 더 멀리 봐야 한다고 봅니다. 탄소배출량이 중간 수준인 집단들도 사회적 논의를 통해서 탄소배출량을 저감하고 탄소중립 이행 과정으로 가는 논의를 해야 합니다. 중간 범위 수준의 탄소배출 산업의 전환방식을 어떻게 해야 하는지도 중요한 문제입니다.

윤석열 대통령은 기업의 수요 공급을 위해서 현행 주 52시간 근로를 더 연장하자고 하고 있죠. 생각해보십시오. 만약에 우리 일터에서 69시간 혹은 60시간 일했을 때 노동자들은 일터에 오래 머물러 있게 되는데, 그렇다면 176년 전인 영국 산업혁명 초기처럼 공장이 돌아간다는 얘기입니다. 이렇게 되면 재생에너지나 다른 생산방식으로 전환되지 않는 이상 우리 사회에서 중간 수준의 탄소 저감 혹은 탄소중립 및 탈성장 문제는 요원하다고 봅니다.

오히려 EU나 국제노동기구가 이야기하듯 장시간 기준을 48시간으로 더 낮추는 문제를 어떻게 해야 할지 논의해야 합니다. 이는 기후 일자리와 노동에 있어 매우 중요한 문제입니다. 예컨대, 탄소배출량이 높은 산업은 개인적으로는 산업 생산의 휴지기도 논의해볼 필요가 있다고 봅니다. 경우에 따라 1년 열두 달 중 한 달의 휴지기를 가져야 할 산업 혹은 이를 논의해볼 업종이 있지 않을까요? 혹은 근로기준법상 연차휴가만이 아니라, 기후 휴가제를 도입할 순 없을까요? 전국의 수백 개가 넘는 대형마트가 매주 하루씩만 휴무를 하는 식으로 지금의 탄소배출량을 과감히 줄일 수 있는 방법들도 있습니다.

## 국제노동기구의 정의로운 전환의 기준

국제노동기구는 정의로운 전환을 위해서 네 가지 기준의 원칙을 이야기합니다. 산업과 노동의 전환을 위해 먼저 사회적 대화가 그 무엇보다 필요하다고 이야기합니다. 그리고 사회적 보호, 적극적 노동시장 확대, 노동자 권리 또한 빼놓을 수 없는 중요한 원칙으로 이야

정의로운 전환을 위한 네 가지 원칙

기하고 있습니다.

몇몇 나라와 도시에서는 미래협약을 위한 정의로운 전환을 위해 산업과 일터에서 노사정이 염두에 지켜야 할 전환 헌장을 만들고 있습니다. 탄소중립을 이루기 위해서는 민주적이고 사회적으로 정의로운 전환 방식의 논의가 필요하다는 것입니다.

## 정의로운 전환을 위한 제안

저는 헌법 32조 '근로의 권리'에 있어서 존엄한 일터와 관련하여 향후 추가되어야 할 조항이 두 가지 있다고 봅니다. 하나는 일터에서 죽지 않을 권리이고, 다른 하나는 기후위기와 정의로운 전환 같은 조항입니다. 또한 헌법 33조 '노동 3권'에 있어서도 단결권, 단체교섭권, 단체행동권뿐만 아니라, 노동안전과 기후위기 문제가 포함되어야겠죠.

현재 법률상 상시 종사자 10인 이상 회사는 모두 취업 규칙을 비치해야 합니다. 회사에서 구비해야 할 의무사항입니다. 저는 이 취업 규칙 조항에 기후위기와 일터의 안전할 권리가 들어가야 한다고 생각합니다. 30인 이상 회사는 의무적으로 노사협의회를 구성 운영하도록 되어있습니다. 주요 논의사항으로는 생산성 향상과 분배, 노동조건과 시간, 기술교육 등 약 15개 논의항목이 열거되어 있습니다. 저는 16번째 항목으로 기후위기와 정의로운 전환 항목이 노사협의회 안건에 포함되어야 한다고 봅니다. 현재 세 달에 한 번씩 노사가 모두 다루는 협의회 안건으로 된다면 그것 또한 진전일 것입니다. 그렇지 않고서는 10여 년 전부터 국내에서 회자되는 기업의 사회적책임(CSR)이나 최근 떠오른 ESG 경영 등은 기업의 이윤을 향유하기 위한 탐욕에 활용될 도구일 뿐입니다.

프랑스 헌법 1조 전문에 "기후위기에 대응해야 한다"는 조항을 추가하는 개정 논의를 우리는 되짚어봐야 합니다. 규칙을 회피하자고 하는 사람들은 항상 규제를 이야기하죠. 그런데 규제는 때로는 우리 미래를 위해서 함께해야 할 규칙일지도 모릅니다. 산업과 노동에 있어서 중요한 문제입니다.

한 예로, 이화의료원과 한양대원자력의학원 등에서 노사가 맺은 단체협약에는 국민의 생명과 안전을 위해 노사가 기후위기와 관련해 함께하고 실천한다는 조항이 있습니다. 앞으로 모든 일터가 이렇게 하나둘 변화될 때 진정으로 추상 수준이 낮은 영역부터 중범위 수준과 최고 수준까지 함께할 수 있겠죠. 오늘의 논의는 그와 같은 새로운 사회계약을 위한 서막이라고 할 수 있을 것입니다.

**Q. 노동과 관련한 제도를 어떻게 만들어갈 수 있을까요?**

A. 일자리, 고용노동과 관련해서는 산업 혹은 기업 이해당사자 카운터 파트너가 명확히 있습니다. 룰을 바꿀 때는 노동자들의 요구만으로 되지 않습니다. 노사정이 게임의 룰을 바꿉니다. 탄소배출량이 높아서 기후위기 일자리를 전환해야 하거나 이를 위한 교육 훈련을 지원해야 하거나 노동 시장에서 적극적으로 보호해야 할 때 아무리 노동자들이 이야기한다고 해도 쉽게 입법이 되거나 정책에 연동되지 않습니다. 하지만 노사정 3자 합의 혹은 협의 과정으로 진행되면 국회에서 그것을 존중해줍니다. 기본적인 노동의제 법률은 그렇습니다. 예를 들어 더 많은 일자리를 보장해주기 위해 교육 훈련 기간을 6개월에서 12개월로 늘리려면 노사정 3자가 사회적 대화를 통해서 합의해야 합니다. 그렇지 않으면 어느 한쪽에서 요구한다고 하더라도 수용되지 않습니다. 그래서 경로나 가야 할 방향과 관련해서 층위가 높은 수준부터 중간 수준까지는 다 그렇게 바꿀 필요가 있죠.

실제로, 직장을 갖고 있지 않은 사람들은 교육 훈련을 받지 않습니다. 그러면 2, 3년 후에 우리 주위에 있는 사람들이 기후와 관련해서 어떤 일자리를 얻을 수 있을까요? 얻을 수 있는 일자리가 없습니다. 현재 고용노동부에서 운용하는 내일배움카드는 산업의 수요를 반영하지 못합니다. 적어도 기후 문제에 관심 있는 사람들의 3분의 1에 대해서는 기후 혹은 지속가능한 일자리 프로그램으로 바꾸어야 합니다. 그리고 그 예산과 정책을 바꾸기 위해서는 노사정 3자가 합의하거나 대화를 해야 합니다.

# '바보야, 중요한 건 속도야!'
# 대한민국 에너지 전환, 그 대안은?

**이주헌** | 사단법인 넥스트 수석정책전문위원

세계 경제는 기후위기 대응을 위한 산업 전환과 에너지 전환을 중심으로
재편되고 있다. 우리나라 탄소중립 기본계획에 담긴 감축목표와
재생에너지 정책은 무엇인가

　　최근 대한민국의 기후 에너지 정책 동향을 보고 있노라면 '답답하
다, 저렇게 시간을 허비하고 있을 여지가 있을까?' 하는 생각을 지울
수 없습니다. 지난 4월 확정된 우리나라 탄소중립 기본계획이 바로
그렇습니다. 특히 기본계획이 처음 세상 밖으로 나오기 하루 전날,
IPCC는 6차 종합보고서를 통해 앞으로 10년 안에 지구의 존폐가 달
렸다는 무서운 경고를 전 세계에 알렸기에 '이런 기본계획으로 탄소
중립이 정말 가능할까?'라는 고민을 지울 수 없었습니다.

## 도대체 2030년에는 무슨 일이 있어야 할까?

이번에 확정된 탄소중립 기본계획에 담긴 연도별 감축목표를 그래프로 그리면 우리는 2030년 한 해에만 온실가스를 18%나 줄여야 한다는 결과에 도달하게 됩니다. 1997년 IMF 때나 코로나 팬데믹으로 국민 대부분이 집 안에만 있을 때도 이런 식으로 온실가스가 줄어들지는 않았습니다.

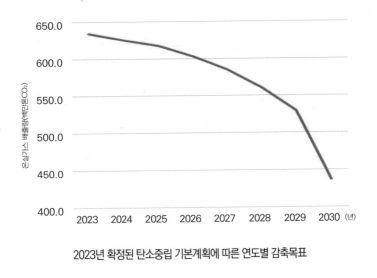

2023년 확정된 탄소중립 기본계획에 따른 연도별 감축목표

도대체 2030년 대한민국에서는 무슨 일이 벌어져야 할까요? 정부가 기본계획에 어떤 수단과 방법을 세워놓았기에 이런 결과가 나올까요? 여러분이 잘 아시는 것처럼 온실가스 배출의 상당량은 에너지(전

환) 부문과 산업 부문이 차지하고 있습니다. 하지만 이들 부문에서 탄소를 저감한다는 것이 말처럼 쉽지 않습니다. 따라서 적어도 에너지와 산업 부문만큼은 정부가 탄소중립 정책을 강하게 밀어붙이겠다는 신호를 탄소중립 녹색성장 기본계획에 녹여놓아야만 합니다.

하지만 에너지(전환) 부문의 목표는 대부분의 감축량이 2028년 이후에 집중(2030년까지의 감축목표 중 75%가 2028년 이후로 설정)되어 있습니다. 이러니 감축 부담을 당장 지금이 아닌 미래에 전가한다는 비판을 피할 수 없는 것입니다. 특히 전력화의 경우는 산업, 수송, 건물 등 다른 부문의 주요한 감축 수단이 되기 때문에 좀 더 구체적인 로드맵을 제시했어야 합니다. 하지만 이러한 내용도 눈에 잘 띄지 않습니다.

산업 부문도 마찬가지입니다. 에너지(전환) 부문과 마찬가지로 감축부담을 대부분 2028년 이후로 미뤄버렸습니다. 2024년에서 2026년 사이의 연도별 감축률은 1%가 채 되지 않습니다. 심지어 기존 NDC 배출목표인 222.6백만 톤보다 8.1백만 톤이나 많은 230.7 백만 톤으로 감축목표를 하향하기까지 했습니다. 특히 산업 부문의 연도별 감축목표는 제4기(2026~2030) 배출권거래제의 배출총량과 연동이 되기 때문에, 이처럼 감축목표를 하향하게 되면 2026년부터 본격 시행되는 EU의 탄소국경조정제도(CBAM) 등 탄소 배출 무역규제에 대한 우리 기업의 대응력을 악화시킬 가능성이 큽니다.[*]

---

[*] 제1차 국가 탄소중립·녹색성장 기본계획(안)에 대한 민간 싱크탱크 분석과 제안(녹색전환연구소, 녹색에너지전략연구소, 플랜1.5)

## 세계 주요국, 탄소중립 정책 강화 속도 높여

이처럼 이름값도 제대로 하지 못하는 탄소중립 기본계획 확정으로 시끄러운 대한민국과는 달리 미국, EU, 일본 등 주요국에서는 이미 탄소중립에 대한 정책 속도를 더욱 높이고 있는 상황입니다. 실제로 EU는 2022년 재생에너지 발전량이 에너지원별 구성에서 최대량을 차지할 정도로 주류 에너지원이 되었습니다. 작년까지의 유럽 에너지 원별 발전량 비중 추이를 보면, 이미 재생에너지가 원전을 추월했습니다. 특히 많은 전문가들이 러시아-우크라이나 전쟁으로 인한 에너지 가격 상승 때문에 EU의 에너지 전환이 좌절될 것이라고 전망하기도 했지만, 이러한 악조건에서도 EU는 에너지 전환을 포기하는 것이 아니라 오히려 에너지 독립을 위한 속도를 더욱더 높이고 있습니다.

이에 더해 미국과 EU는 기후위기 대응 정책을 통한 새로운 경제 질서를 만들어가고 있습니다. 미국 인플레이션 감축법과 유럽 그린 딜, 일본의 녹색전환(GX)에서 핵심 분야는 바로 재생에너지와 이를 수용할 새로운 전력망에 투자하는 것입니다. 탄소중립을 하려면 화석에너지 대신 재생에너지를 기반으로 하는 에너지 전환을 이뤄야 하기 때문입니다. 이제 세계 경제는 기후위기 대응을 위한 산업 전환과 에너지 전환을 중심으로 재편되고 있습니다.

2022년 8월 미국 바이든 대통령이 서명한 인플레이션 감축법이 국내 전기자동차 업계에 미친 영향은 대단했습니다. 미국은 자국 중심으로 글로벌 공급망을 재편하고 미국으로 제조업을 불러들이고

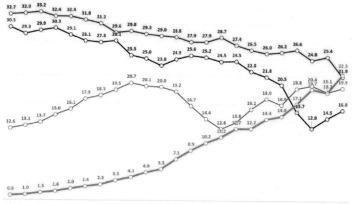

출처 : Ember, European Electricity Review 2023, 2023.1.31.

2022년 EU 에너지원별 발전량(%)

있습니다. 전기차, 2차전지뿐만 아니라 태양광도 폴리실리콘 생산부터 설치까지 단계마다 유인책을 심어놓기도 했습니다.

미국의 인플레이션 감축법이 발표된 이후 EU도 발 빠르게 움직이고 있습니다. 올해 초 EU가 공개한 핵심광물법(CRMA)과 탄소중립산업법(NZIA) 초안은 '조속한 에너지 전환'과 '에너지 안보 확보'라는 기조 아래 재생에너지 생산 기반을 살리고 안전한 공급망을 확보하려는 전략을 포함하고 있습니다. 태양광·풍력 등 관련 수요의 40%를 역내에서 생산하겠다고 밝힌 것이 대표적이라고 할 수 있습니다.

이처럼 주요국은 탄소중립을 새로운 성장 동력으로 만들겠다고 하면서 각종 법과 제도로 탄소무역 장벽을 쌓고 있습니다. 대한민국의 입장에서는 결코 반길 수만은 없는 상황입니다.

| | 유럽 그린딜 | 미국 IRA | 일본 GX |
|---|---|---|---|
| 2030년 NDC | 1990년 대비 55%<br>Green Deal Fit for 55 | 2005년 대비 50~52%<br>IRA(Inflation Reduction Act) | 2013년 대비 46%<br>GX(Green Transfomation)(2022) |
| 주요 내용 | 배출권거래(해운, 건물 교통 포함)<br>탄소국경조정제도, 에너지전환<br>순환경제, 농업생물다양성<br>정의로운 전환 메커니즘 | 에너지안보와 녹색산업, 일자리<br>친환경 에너지 600억 달러 세액 공제<br>풍력 태양광에 300억 달러 지원<br>전기차 세액공제, 중국 견제 | 재생에너지 대량 도입(31조 엔)<br>수소 암모니아 공급망 구축(7조 엔),<br>배터리 산업(7조 엔),<br>차세대 자동차(17조 엔),<br>주택 등 건축물(14조 엔) |
| 재정투입<br>규모 | Green Deal 2030년까지<br>최소 1조 유로(약 1,350조 원)<br>REPower EU 2027년까지<br>2,100억 유로(약 280조 원) | 인프라부양안 774억 달러<br>IRA녹색산업 3,690억 달러<br>통합 4,464억 달러(583조 원) | 탈탄소 달성 위해 10년간<br>민관 총 150조 엔 투입<br>탄소세 등 재원으로 국채 발행 |
| 전력 중<br>재생에너지<br>비중 | (2021) 34.2<br>-(2030) 69% | (2021) 20.7<br>- (2030) 43% | (2020) 19.8%<br>-(2030) 36~38% |

출처 : 이유진, 2023.1.30. 탄소중립 게을리하면 '수출 한국' 무너져
(KEMRI Report, PwC Korea, 한병화 자료 토대로 재구성)

세계 주요국의 탄소중립 정책

## 거꾸로 가는 대한민국 재생에너지 정책

이처럼 글로벌 경제 상황과 우리나라의 탄소중립 기본계획 간의 괴리가 큰 것이 사실입니다. 특히 재생에너지 확대에 대한 정책 방향은 아직 제 속도를 못 내고 있는 실정입니다. 최근 정부가 발표한 제10차 전력수급계획에서는 2030년 신재생에너지 목표 비중을 30.2%에서 21.6%로 하향 조정했는데, 이에 대해 많은 전문가들이 글로벌 주요국들은 모두 신재생에너지로 방향을 틀고 있는데 우리는 완전히 거꾸로 가고 있다며 안타까워하고 있습니다.

심지어 반도체, 2차전지와 함께 재생에너지, 그린수소 등에 대한 세액공제를 확대하는, 이른바 '한국판 인플레이션 감축법(조세특례제한법)'이 국회를 통과했지만, 재생에너지 부문은 쏙 빠진 채 통과되어 버렸습니다. 우리 태양광 산업은 중국과의 경쟁에 밀려 사실상 제조 생태계가 무너진 상황입니다. LG전자, 신성이엔지 등이 국내 태양광 셀 생산을 접었고, 한화큐셀과 현대에너지 솔루션만이 태양광 셀을 생산하고 있는 실정입니다. 2019년 50.3%를 차지했던 국산 태양광 셀의 국내시장 점유율은 작년에는 34.7%로 쪼그라들었고, 폴리실리콘을 만드는 OCI도 해외로 생산공장을 옮긴 상태입니다. 해상풍력도 국산 부품 사용률을 높이기 위해 해상풍력 국산화 규정(LCR)이라는 제도를 도입했지만, 수요가 한정적이니 국내 공급망 투자를 크게 이끌어내기엔 역부족이라는 평가가 지배적입니다.[*]

지난 3월 15일 서울 여의도에서 열린 'RE100 한국형 정책 제언 발표회'에서 올리버 윌슨 클라이밋 그룹 RE100 공동총괄은 "한국 대기업 29곳이 2050년까지 RE100을 달성하겠다는 목표를 세웠지만, 사용하는 전력 중 단 2%만 재생에너지로 충당하고 있고, 이는 중국(32%), 일본(15%)과도 격차가 매우 크다"고 주장하기도 했습니다. 이는 기업들에게 우리나라는 재생에너지 전력을 구매하기 가장 어려운 시장으로 꼽힌다는 것을 의미합니다. 실제로 2021년 기준 국

---

[*] 한국의 '재생에너지 제조 생태계' 문제 없나, 한국일보, 2023.3.23

내 풍력·태양광 발전 비중은 4.7%에 불과합니다.<sup>*</sup> 이처럼 재생에너지 공급이 절대적으로 적은 데 비해 RE100 기업들은 재생에너지 전력을 사용해야 하니 가격이 오를 수밖에 없습니다. 그렇다 보니 재생에너지를 구입하는 데 많은 비용을 들일 수밖에 없습니다. 심지어 존케리 미국 백악관 기후특사도 우리나라 탄소중립 정책에서 재생에너지 감축이 우려된다는 내용의 서한을 우리 정부에 보낸 것으로 드러나 충격을 주기도 하였습니다.<sup>**</sup>

### 험난한 대한민국 에너지 전환, 대안은 무엇인가?

이처럼 우리는 재생에너지 보급 목표를 높여 시장을 넓히는 정책을 하루빨리 재수립해야 합니다. 또한 재생에너지의 내수시장이 좁은 우리 현실에서 대한민국 재생에너지 제조 기반이 처한 상황과 비율 확대를 위해 어떤 제도 개선이 필요한지 우선 들여다보아야 합니다. 사단법인 넥스트는 지난 3월 '영국의 에너지 전환이 우리나라 전력계통에 주는 시사점'이라는 웨비나 행사를 개최하여 우리나라와 상황이 유사한 영국의 선진적인 에너지 전환 정책을 국내에 소개하였는데, 이는 우리나라의 재생에너지 정책과 계통 시스템 개선에 큰 교훈을 줄 것이라 생각합니다.

---

* 한국 RE100 기업 재생에너지 사용은 2%…"공급 늘리고 조달방식 개선해야", 한국일보 2023.3.15., 신혜정 기자

** 존 케리 美기후특사 "韓탄소중립, 재생에너지 축소 우려" 서한, 조선일보, 2023.3.31

한국은 지리적으로는 반도 국가이지만, 분단으로 인해 사실상 섬 나라여서 한국 내에서 모든 전력을 소비·생산해야 합니다. 이는 국내 에너지 전환을 어렵게 하는 주요 요인으로 꼽히기도 합니다.

영국도 비록 섬나라지만 2010년부터 불과 11년 만에 풍력발전 비중을 3%에서 25%로 늘리고, 석탄발전 비중은 28%에서 2.1%로 줄였습니다. 석탄을 풍력으로 대체할 수 있었던 건 여러 정책 수단이 수반됐기 때문인데, 먼저 '석탄은 싸고, 풍력은 비싸다'는 인식을 깨기 위해 탄소가격에 하한을 정해 석탄발전소가 배출권거래제 이상의 탄소 비용을 부담하도록 하는가 하면, 재생에너지 사업자는 장기 고정 가격으로 전력을 판매해 안정적인 수익을 올릴 수 있도록 했습니다. 그런데 재생에너지가 늘면 시시각각 변하는 발전량을 수요에

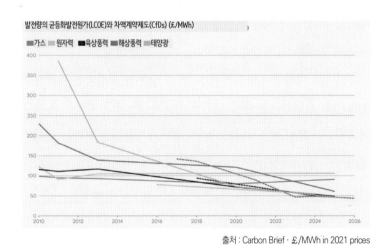

출처 : Carbon Brief · £/MWh in 2021 prices

영국의 지난 10년간 재생에너지 비용 하락 추세

맞춰 안정적으로 공급하기 어려워집니다. 이 문제에 영국은 매년 경제성평가를 통해 최적 계통계획을 수립하고, 전력 공급이나 수요가 급변했을 때 전력 시스템을 안정적으로 유지할 수 있는 자원을 확보하는 방식으로 대처했습니다.[*]

우리나라도 재생에너지 확대 정책을 꾸준히 시행한다면 영국과 같이 재생에너지 비중이 크게 확대될 가능성이 높습니다. 사단법인 넥스트의 송용현 부대표는 미국의 로렌스 버클리 국립연구소(LBNL)와 공동으로 한국 상황에 맞춘 최적 전원구성(에너지 믹스) 모형을 소개하는 자리에서, 2035년까지 청정에너지 비중을 80%까지 달성할 수 있음을 기술적, 경제적 측면에서 확인했다고 발표했습니다. 제시하는 시나리오에서 2035년 발전량은 재생에너지 50%, 원자력 30%, 가스 20%로 구성되며, 2018년 대비 온실가스 배출량을 80%까지 감축시킬 수 있을 것이라 전망했으며, 이는 석탄발전이 없어도 2035년 전원구성(에너지 믹스)이 가능하다는 것을 뜻합니다.[**]

우리나라 재생에너지 잠재량 또한 이 같은 연구결과를 증명하고 있습니다. 우리나라는 좁은 면적에 천연자원이 적은 나라로서 재생에너지원을 통한 탄소 배출의 감축 역량이 부족할 것이라는 인식이 지배적인 것이 사실입니다. 하지만 국내 비영리 연구단체와 소셜 벤처와의 협업을 통해 대한민국 재생에너지 잠재량을 분석한 결과, 태

---

[*] 재생에너지 중심 시스템 실현을 위한 영국의 계통혁신 전략, 사단법인 넥스트, https://nextgroup. or.kr/?sbq03dol

[**] '민-관이 함께하는 국가 온실가스 감축목표 : 최적의 이행방안과 비용과제' 심층 토론회 자료

여의도(좌: 39.4GWH, 27.4 MW) 및 서울대학교(우: 22.6GWH, 15.8MW) 지붕형 태양광 잠재량 현황
서울대학교의 연간 에너지 소비량은 약 50,775.8 TOE(590.5 GWH)으로 서울시 에너지 다소비 건물 중 가장 많은 에너지를 소비하고 있음

양광의 기술적 잠재량은 약 1,117GW(1,632TWh)이며, 고정식 해상 풍력은 110GW(275TWh), 부유식 해상풍력은 265GW(891TWh)로 확인되었습니다. 기술적 잠재량으로만 보면 국내 총발전량인 576TWh를 훌쩍 뛰어넘는 수치를 보여주고 있습니다.[*]

지붕형 태양광의 경우에도 잠재량은 총 42.2GW로, 10차 전력수급기본계획상 2030년 발전량(621.8TWh)의 8% 이상을 제공하여, 15.2MtCO$_2$의 온실가스 감축이 가능한 것으로 나타났습니다. 국내 지붕형 태양광 연간 잠재량은 일반건물 옥상 49.8TWh(35.1GW)와 산업단지 9.5TWh(7.1GW)로 도합 59.3TWh(42.2GW)로 추정되며, 이

[*] 대한민국 K-Map 2050 탄소중립 시나리오, https://nextgroup.or.kr/?0MT5R3CN

는 2021년 기준 국내 누적 태양광 설비용량의 약 두 배에 상당하는 양입니다. 시도별로 나누었을 때 가장 많은 잠재량을 보유하고 있는 곳은 경기도로, 12.2TWh(8.6GW)의 잠재량을 갖고 있으며, 경상북도 (5.0TWh, 3.5GW)와 경상남도(4.4TWh, 3.1GW) 순으로 잠재량이 높았습니다.[*]

이처럼 국내 재생에너지 잠재량은 결코 낮지 않습니다. 산업계와 금융권에서도 이제 산단 지붕형 재생에너지 투자에 박차를 가하고 있습니다. 최근 대구광역시는 한화자산운용 등 5개사, 대구성서산단관리공단 등 산업단지관리기관 7곳과 '대구 스마트 산단 지붕형 태양광 프로젝트' 업무 협약을 체결했는데, 한화자산운용이 대구지역 산업단지 지붕 및 유휴부지에 최대 3조 원 규모의 민간자본을 투자해 신고리 원전 1.5기 용량 수준의 태양광 1.5GW 발전시설을 설치할 예정입니다. 2025년까지 대구지역 산단의 공장지붕 116만㎡의 슬레이트를 제거하고 태양광 발전 시설을 설치하는 것이 핵심입니다.[**] 정우식 한국태양광산업협회 부회장은 올해 3월 28일 국회의원회관에서 열린 한 토론회에서 "산단 태양광은 계통문제, 이격거리 규제 등으로부터 자유롭고 신속하게 설치할 수 있고, 신속한 재생에너지 보급 확대와 기업들의 RE100 달성뿐만 아니라 지역 에너지 자립도 제고, 온실가스 감축, 지역경제 활성화 등 다양한 효과를 낼 것"

---

[*] 대한민국의 미래를 묻거든, 고개를 들어 지붕을 보라, 사단법인 넥스트 이슈브리프, https://nextgroup. or.kr/?ThGlFJUs

[**] 대구 공장 슬레이트지붕 태양광 전환...민자 3조 투자, 한국일보, 2022.12.12

이라고 이야기했습니다. 이처럼 재생에너지 확대에 대한 확고한 목표와 제대로 된 정책만 있다면 재생에너지로 에너지 전환을 하는 것은 결코 꿈이 아닌 현실이 될 수 있습니다.*

더불어 자발적으로 온실가스 감축에 나서려는 기업에 대한 지원도 필요합니다. 최근 유럽과 미국을 필두로 온실가스 배출과 연계된 무역장벽이 강화되는 가운데 공급망의 탈탄소화를 추구하는 글로벌 기업들의 자발적인 움직임도 일고 있습니다. 수출의존도가 높은 우리 산업계가 국제 경쟁력을 유지하기 위해서는 제품의 저탄소화가 불가피한 실정입니다. 그간 우리나라의 배출권거래제는 배출권 비용 지출 등으로 인한 기업 부담을 줄이기 위해 배출권의 상당량을 무상으로 할당하였는데, 최근 무역규제 흐름에서는 이러한 조치가 역설적으로 우리 산업계의 경쟁력을 약화시킬 수 있습니다. 이러한 흐름에 따라, 기업이 저탄소 생산공정으로 전환하여 근본적인 경쟁력을 강화할 수 있도록 지원하는 방안으로 탄소차액계약제도(CCfD)가 주목을 받고 있습니다. 탄소차액계약제도는 일정 기간 정부가 기업에게 고정된 탄소 가격을 보장해줌으로써 저탄소 기술에 대한 투자 유인을 높이고 불확실성을 최소화해주는 지원 메커니즘입니다.

즉, 배출권 가격이 경쟁적이지 않은 상황에서도 저탄소 방식으로 생산하는 기업이 생산단가의 증가를 보전받을 수 있는 방식인 것입니다. 영국 엠버(Ember, 기후에너지 싱크탱크)의 필 맥도날드 상무이사

---

* 태양광업계 "산업단지 태양광 활성화 필요" 한목소리, 전자신문, 2023. 3. 28.

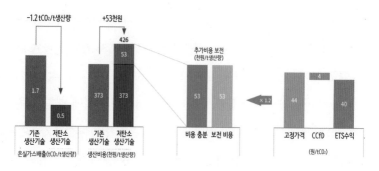

출처 : Agora Industrie et al.(2021) 수정 후 재인용

탄소차액계약제도의 고정가격 결정 및 비용보전 메커니즘 예시

는 영국의 재생에너지 비중을 늘려나가는 데 저탄소 보장 가격을 제공하는 탄소차액계약제도가 큰 도움이 되었다고 소회를 언급하기도 하였습니다.[*]

정부의 녹색공공조달제도도 개선해야 합니다. 우리나라는 이미 공공기관의 녹색제품 구매의무 제도와 공공조달 최소녹색기준제품 구매제도를 운영하고 있지만 금액 단위의 녹색제품 구매실적 외에 실제적인 환경적 성과는 측정·관리되지 않고 있습니다. 또한 실제 운영 현황 등을 살펴보았을 때 이 제도가 녹색제품 수요 창출에 기여한다고 보이지는 않습니다. 정부의 공공조달 규모가 증가하여 연간 녹색제품 구매실적은 증가하고 있으나, 그 비중은 2% 수준에 머물러 있는 실정입니다. 따라서 녹색제품 의무구매제도의 '녹색제품의 절

---

[*] 대한민국 2050 탄소중립 시나리오 K-Map: 산업부문 이행안, https://nextgroup.or.kr/?Clj1sIXc

대 구매금액' 항목을 '공공조달 규모 대비 녹색제품 구매실적의 비율'로 변경하고, 국가 온실가스 감축목표 이행을 위해 '온실가스 배출량'을 새로운 영향지표로 추가할 필요가 있습니다. 또한 저탄소 제품 기준에 활용되는 최대허용탄소배출량 기준과 최소탄소감축률 기준이 새로운 국가 온실가스 감축목표와 연동되어야 생산기업들의 탈탄소화를 유도할 수 있을 것입니다.[*]

## '바보야, 중요한 것은 속도야!'
### – 대한민국, 속도를 내지 않으면 도태된다

1993년 우리나라가 국제적인 기후변화라는 파도에 올라탄 지도 30년이 다 되어갑니다. 당시 경제기획원(현 기획재정부)의 '기후협상 결과와 우리의 대응방안' 자료를 보면 "우리나라는 가입의 시급성이 적어 금번 회의 시 서명할 계획이 없음."으로 당시 상황을 분석하고 있었습니다. 언론은 당시 상황을 "녹색 태풍, 한국의 선택"이라는 제목으로 기획기사를 보도하면서 "절약형 산업으로 구조조정이 불가피하다", "우리도 발등의 불"이라고 당시 상황을 표현하기도 했습니다. 왠지 모를 기시감이 듭니다.[**]

지금 대한민국은 선진국이 되고 싶어 발버둥 치던 개발도상국이 아니라 전 세계 모두가 인정하는 선진국의 반열에 올라섰습니다. 이

---

[*] 대한민국 2050 탄소중립 시나리오 K-Map: 산업부문 이행안, https://nextgroup.or.kr/?Clj1sIXc
[**] KDI 경제E정표(경제정책시계열서비스) : https://epts.kdi.re.kr/

출처 : 녹색태풍 한국의 선택 ①
"절약형 산업으로 구조조정 불가피". 한겨레, 1992.5.27.

제는 성장과 개발을 이유로 기후변화, 에너지 전환 문제를 등한시할
수 있는 상황이 아닙니다. 수십 년을 미루다 이제 발등에 불이 떨어
진 겁니다. 시민들의 인식도 과거와는 다릅니다. 이미 많은 사람들이
기후변화의 심각성을 몸소 느끼고 있고, 이제는 북극에 살고 있는 북
극곰만이 문제가 아니라 당장 나 자신이 피해자가 될 수 있다고 생각
하고 있습니다.

하지만 여전히 지금 우리가 원하는 기후변화 대응의 속도가 "너무
빠르다, 과도한 목표다"라고 말하는 사람들도 많습니다. 과연 그럴
까요? 우리는 지난 30여 년 동안 우왕좌왕해온 길을 또다시 가게 되
는 것은 아닐까요? 전 세계는 이미 오래전부터 탄소중립 정책을 시

행해왔고, 이제는 우리 경제를 위협할 정도로 압박하고 있습니다. 이젠 정말 뭘 하더라도 속도, 속도를 내야 할 시기입니다. 말보다는 행동이 필요한 지금, 우리는 속도가 필요합니다.

"이명박, 박근혜, 문재인 대통령은 기후위기 대응에 있어 각기 다른 리더십을 보여줬지만 결국 목표했던 온실가스 감축에는 공히 실패했다. 우리는 윤석열 대통령이 기후위기를 막아낸 대통령으로 기억되기를 진심으로 바란다. 윤 대통령의 임기(2022~2027)가 2030년 국가 온실가스 감축 목표 달성 여부를 사실상 결정 짓게 될 중요한 시기이기 때문이다."

— 그린피스가 윤석열 정부 출범일에 맞춰 발표한 성명서 중에서 발췌

**Q. 1.5℃ 이하에서 막을 수 있다는 전망이 불투명한 상황에서는 탄소포집저장 기술조차도 중요하지 않나요?**

**A.** 탄소포집저장도 대안일 수 있습니다. 탄소를 줄일 수 있다면 어떤 기술이든 활용해야겠죠. 그런데 지금 우리가 중요하게 봐야 할 것은 당장 할 수 있는 저탄소 정책과 탄소포집저장이나 소형 원전 등 천문학적인 R&D 비용을 들여서라도 기술을 개발해야 하는 것을 구분해서 판단해야 한다는 점입니다.

그런데 지금 상황에서 가장 큰 문제점은 탄소중립 시나리오, 1.5℃ 아래로 맞추기 위해 나오는 많은 정책들이 구분되지 않고 혼재되어 있다는 것입니다. 지금 당장 할 수 있는 정책이 있는데 이에 대해서는 아무도 관심을 가지지 않고 모두가 탄소포집저장, 소형 원전에만 관심을 두는 상황이라면 어느 누가 지금 당장 할 수 있는 정책에 투자하고 관심을 가지겠습니까? 이것을 나눠서 봐야 합니다. 이 점을 에너지 전문가들이 명확하게 짚어주어야만 국민들이 내가 당장 할 수 있는 일이 무엇인지 믿을 수 있고 행동할 수 있을 것입니다. 그러고 나서 탄소포집저장처럼 기술 개발이 필요한 부분들은 우리가 전문가들과 정부를 믿고 기다려보자는 시각을 갖게 해줘야 합니다.

**Q. 재생에너지 확대를 위한 해법은 뭔가요?**

**A.** 신재생에너지를 늘리기 위해서 첫째로는 통계 자료가 필요합니다. 우리나라 국토 전체에, 그리고 건물 전체에 재생에너지를 과연 얼마나 만들 수 있을까요? 우리는 아직 정확한 잠재량을 아무도 제대로 알고 있지 않습니다. 최근에 들어서야 민간 싱크탱크들이 나서서 국가 전체적인 재생에너지 잠재량에 대한 연구 결과를 내놓고 있는 상황입니다.

그리고 발상을 좀 전환했으면 좋겠습니다. 지금도 많은 분들이 인식을 바꾸고 있습니다. 공장 옥상에도 아파트 위에도 태양광 패널을 설치하는 등 발상의 전환을 하고 있습니다. 하지만 이러한 것들이 제도화되지 않는 것이 가장 큰 문제입니다.

마지막으로, 신재생에너지를 설치하는 경우 인센티브를 확실하게 줘야 합니다. 기초지방자치단체에서 관련 정책을 다루다 보니 결국 인센티브만 한 게 없었습니다. 확실한 보상 체계가 이루어져야 한다고 생각합니다.

# 

통계 자료와 재생에너지를 확산하기 위한 제도, 그리고 핵발전소나 석탄 중심의 대형 발전소 시스템을 완전히 분산형으로 바꾸기 위한 국토공간과 제도의 전환이 다 같이 필요합니다. 현재 우리가 설치한 신재생에너지 누적 설비용량은 2022년에 30기가와트(GW)를 넘어섰습니다. 사단법인 넥스트 연구에 따르면 우리가 2050년에 탄소중립 사회를 만들기 위해서는 재생에너지 설비용량이 태양광과 풍력을 합쳐 500~600기가와트가 필요할 것으로 전망하고 있습니다. 여기에 태양광을 우리나라 일반 건물 지붕에 올리면 약 35기가와트, 산업 단지 내 건물에는 약 7기가와트 등 총 42기가와트를 생산할 수 있을 것으로 전망합니다. 이런 전망과 연구 결과를 토대로 재생에너지가 중심이 되는 전력 시스템을 구축하기 위한 법과 제도, 국토공간 계획을 만들어야 합니다. -이유진(사회자)

# 아, 당신이
# 그 기사를 쓴 사람이군요!

김다은 | 〈시사IN〉 기자

기후위기 시대에 언론은
어떤 이야기를 해야 하는가

 

글 제목에 대해서 먼저 간단히 설명을 해야 할 것 같습니다. 기후위기 시대 언론의 역할에 대해서 언론이 스스로 정의내리는 데는 한계가 있다는 생각이 듭니다. 그래서 언론인들이 시민들과 더 많이 만나며 함께 그 역할과 책임을 재발견해야 한다는 생각을 합니다. 그래서 제목을 이렇게 정해봤습니다.

"아, 당신이 그 기사를 쓴 사람이군요!"

저를 비롯한 많은 언론인들이 기사를 쓰고 나서 시민들을 만났을 때 시민 분들이 아주 편하게 다가와서 "아, 당신이 그 기사를 쓴 사람이군요, 잘 읽었습니다. 그 기사를 두고 우리도 많은 이야기를 나누었습니다."라고 이야기할 수 있었으면 좋겠다는 마음입니다. 그런 말은 응원이 되는 한편, 정신이 번쩍 들게 하는 말이기도 합니다. 내가 쓴 기사를 시민들이 감시하고 평가한다는 것을 실감할 수 있는 말이니까요. 기자들이 더 많이 들어야 하는 말이기도 하겠지요. 이 문장은 제가 프랑스 브루타뉴 지역의 환경전문 탐사언론 〈스플란!(Splann!)〉의 언론인들을 만났을 때 들은 말이기도 합니다. 젊은 지역 언론인들로 구성된 〈스플란!〉은 2020년에 설립된 신생 언론이지만 지역민들의 신뢰를 기반으로 활발히 제보를 받는 언론사입니다. "왜 사람들이 많은 언론 중 〈스플란!〉에 제보를 하는가?"라고 물었을 때 그들은 "이유는 하나다. 그들이 원하는 것을 채워주는 언론이기 때문이다."라고 답했습니다. 지역 행사나 프로그램에 초대받아 참석하면 시민들이 먼저 다가와 "아, 당신들이 〈스플란!〉 기자들이군요."라고 말을 건다고 합니다. 당신들이 쓴 그 기사, 아주 잘 읽었다고 말하면서 자신의 경험에 대해서도 이야기해주고 말이지요. 〈스플란!〉의 기자들은 "주민들은 자신들이 겪은 일, 이웃과 가족이 겪은 일을 〈스플란!〉이 말해줄 거라고 믿고 있고, 이 믿음을 지켜나가는 것이 지역 언론이나 환경·생태 이슈를 다루는 자신들의 역할"이라고 했습니다. 이 젊고 열정적인 언론인들이 시민들과 만나는 그 장면을 상상하니 괜히 마음이 뿌듯해졌습니다.

'기후위기 시대에 언론은 어떤 이야기를 해야 할까'라는 질문은 참 큽니다. 당위적인 대답만 하게 되는 질문같기도 한데요, 저는 비평가도 평론가도 아니고 현업에서 일을 하고 있는 사람이기 때문에 기존에 제가 썼던 기사를 중심으로 제가 기후위기를 기사로 쓸 때 어떤 고민을 했는지, 또 시민으로서는 언론에 어떤 역할을 기대하게 되는지 이야기 나눠보겠습니다.

## 좋은 기후위기 기사는 어떤 것일까

아래 기사는 〈시사IN〉의 2022년 신년 기획 기사 〈2022 대한민국 기후위기 보고서〉입니다. 이오성 기자와 제가 진행했습니다.

저는 좋은 기후위기·환경 기사에 대해 제 나름의, 어쩌면 다소 평범한 세 가지 기준을 가지고 있습니다.

첫째는 이해하기 쉽도록 써야 한다는 점입니다. 이건 모든 기사에서 마찬가지라고 생각합니다. 사실 여러분이 기사를 읽었을 때 '무슨 소리지?'라는 생각이 드신다면 기자도 그 내용을 잘 이해하지 못하고 쓴 기사이거나 보도자료를 인용해서 쓴 기사일 확률이 높습니다. 그렇기 때문에 기자가 내용을 충분히 이해한 후에 독자가 이해할 수 있도록 써야 한다는 게 첫째 조건이라고 생각합니다. 아무리 많은 정보 값을 가지고 있는 기사라고 해도, 독자와 기사가 만나지 못한다면 의미가 없다는 생각을 합니다.

둘째는 드러나지 않은 것들, 그런데 실제로는 존재하고 있는 것을 보여줄 수 있어야 합니다. 우리가 살고 있는 세계의 복잡성을 보여주는 기록이기도 하고, 제도나 인식의 변화를 이끄는 시발점이 되는 작업이기도 합니다. 저희가 썼던 〈2022 대한민국 기후위기 보고서〉 기사의 경우, 마치 존재하지 않는 것처럼 취급되고 있는 "기후정치 세력이 실제로 우리 사회에 있을까?"라는 질문에 대한 답을 얻기 위한 기사이기도 했습니다.

셋째로는 기록물로서의 가치가 있어야 합니다. 기후위기와 관련한 인식조사를 요사이 몇 년 동안 시민단체 등에서 진행하기는 했습니다. 하지만 현재성을 담고 있는 새로운 질문들이 계속해서 업데이트되어야 하는 만큼, 2022년 지금 대한민국 사람들의 기후위기에 대한 감각을 보여주는 새로운 질문을 찾고, 그에 대한 답을 수집하고 분석함으로써 기록물로서 가치를 가지기를 기대하며 이 기획기사를 준비하게 되었습니다.

## 기후위기에 대한 인식

앞서 현재성이 있는 질문을 담고 싶다고 했는데요, 저랑 이오성 기자가 처음에 이 기획기사를 준비할 때 사실은 약간 삐딱한 마음을 가지고 있었습니다. 예를 들어보자면 다음과 같은 '불편한' 질문들이 있었던 겁니다. 이전의 기후위기 인식조사를 보면 거의 모두 청년층보다 중장년층들이 기후위기 감수성이 굉장히 높게 나옵니다. 그런데 주위에서 보면 청년들이나 미래세대가 기후위기에 대해서 훨씬 더 열심히 말하고 있다는 이야기를 합니다. 그렇다면 도대체 이 간극은 어떻게 된 걸까, 라는 질문을 가지고 있었습니다. 일부 청년들의 목소리가 과대대표 되어온 것일까? 우리가 '미래세대'라는 명칭에 사로잡혀 기성세대의 노력과 문제의식에 귀 기울이지 않은 건 아닐까? 하는 질문들. 혹은 채식 지향 인구가 많이 늘어나고 있다고 하는데, 기후위기에 대응하기 위해 비건을 선택하는 세대와 성별은 어떠한 걸까? 어쩌면 건강을 위해서 채식 식단을 선택하게 됐거나 '비건' 역시 시장의 새로운 트렌드로 부상해 관심을 받고 있는 건 아닐까? 하는 궁금증도 있습니다.

한편으로는 과거부터 이어져온 기후·환경 시민단체들의 활동에 비판적 평가가 들려오는 데 대한 궁금증도 있었습니다. '한국의 낮은 기후위기 대응 수준은 곧 과거의 운동 방식이 실패했다는 방증이다' 같은 주장 말이지요. 이런 비판적 주장은 실체가 있는 걸까요? 이런 생각들에 대해서 답을 얻고 싶었고 이런 질문을 적극적으로 배치하는 설문조사를 했습니다.

〈2022 대한민국 기후위기 보고서〉 기사의 전체 기획을 주도했던 이오성 기자는 기사를 통해 해당 인식조사를 이렇게 소개했습니다. "'기후위기를 막아야 한다'라는 당위를 강조하기보다 사람들의 내면을 들여다보고 싶었다. 디스토피아 공포를 자극하기보다 희망의 근거를 찾고자 했다. 무엇보다 '우리'가 기꺼이 변화할 수 있는지 묻고 싶었다." 한국리서치와 함께 진행한 해당 설문조사는 2021년 12월 8일부터 13일까지 웹조사 형식으로 진행됐으며 290여 개에 달하는 질문에 1,000명의 패널이 응답했습니다. 그중 몇 가지 내용만 소개해보겠습니다.

먼저 미디어와 관련된 내용 중 자성해야 할 것으로 보이는 대목이 있었습니다. 2021년에는 IPCC 6차 과학 평가보고서(WG I)가 나왔기 때문에 언론에서 IPCC에 대한 이야기가 굉장히 많았습니다. 탄소중립 이야기도 어느 때보다 많이 나왔던 시기였습니다. 저희가 이렇게 물어봤습니다. "탄소중립이라는 단어를 아시나요?" '그렇다'는 응답이 66.6%였습니다. "IPCC를 알고 계시나요?"라고 물어봤을 때는 43.2%의 분들이 그렇다고 대답을 했습니다. 그런데 "용어의 뜻을 정확히 알고 있습니까?"라고 다시 물었을 때는 탄소중립은 19.7%, IPCC는 겨우 8.3%가 그렇다고 답했습니다.

미디어에서 기후위기 의제를 설정하는 방식, 그것을 전달하는 방식에 있어서 사실상 변화가 필요하다는 것을 말해주는 지표였습니다.

시민단체와 관련해서도 비슷한 내용이 나왔습니다. 다음 그림을 보면 '환경단체가 기후위기의 중요성을 알리는 데 크게 기여했느냐'는 질문에 57% 정도의 많은 분들이 그렇다고 대답을 했는데요. 또 한편으로는 '환경단체가 불가능한 실천을 요구하고 있다' 37%, '환경단체가 나에게 불편감을 준다'는 응답도 48% 이상 됐고, '환경단

## 기후위기에 대한 인식

채식, 대중교통 이용, 1회용품 줄이기 등에 열심인 사람을 적극 지지한다 71.5%

환경 단체는 기후위기 중요성을 알리는 데 크게 기여 57.7%

환경 단체는 불가능한 실천을 요구 37.1%

집값이 떨어지더라도 내가 사는 동네에 재생에너지 시설이 들어와도 괜찮다 61.2%

재생에너지 도입으로 10년 내 전기요금이 두 배 이상 올라도 감수할 수 있다 48.4%

석탄발전보다 원전이 계속 가동돼야 한다 64.8%

원전보다 재생에너지 확충 우선 68.5%

체가 위기를 과장하고 있다'는 대답도 36% 정도 됐습니다.

시대의 흐름이 바뀜에 따라서, 그리고 시민들의 욕구와 의견이 다양해짐에 따라서 기존 시민단체가 의제를 설정하는 방향, 운동을 진행하는 방향, 소통하는 도구 등에 변화가 필요하다는 것을 말해주는 지표라는 생각이 들었습니다.

복잡한 내면을 보여주는 응답들도 있었습니다. 이를테면 '원전이 계속 가동되어야 한다.'에 약 64%가 그렇다고 대답을 했는데, '원전보다 재생에너지 확충이 우선되어야 한다.'는 문항에도 응답자 약 68%가 그렇다고 대답했습니다.

약간 혼란스럽게 보일 수 있는 이 대답은 어떤 의미일까요? 원전을 계속 가동해야 한다고 답한 응답자 중 상당수가 '원전보다 재생에너지'라는 선택을 하고 있다는 걸 말해주기도 하는 내용입니다. 어쩌면 단순히 '찬성 혹은 반대'라는 흑백논리 중간에 있는 많은 고민과 지향점들을 살펴봐야 한다는 의미는 아닐까요? 원전의 위험성 등을 알고 있지만, 원전을 포기할 경우 생길 수 있는 '전력 빈부격차' 등을 우려하며 원전을 필요악으로 선택하는 분들도 있습니다. 그들에게 재생에너지라는 새로운 대안을 아주 구체적으로 제시할 경우 이들이 재생에너지에 찬성하는 세력으로 옮겨지게 될 수 있음을 보여주는 부분이기도 합니다.

그 외에 흥미롭게 느껴졌던 것은 앞서 말씀드린 것처럼 왜 중장년층이 청년층보다 기후위기 감수성이 훨씬 높게 나올까 하는 것이었습니다. 그것에 대해서는 이번 인식조사를 통해서 재미있는 결과로 알 수 있었습니다. 그것은 청년층 내에 남성과 여성, 성별 인식 격차가 너무나 크다는 지점이었습니다.

사실 기후위기 감수성이 높고, 대응을 위한 실천력도 높은 강력한 코어 집단은 20대 여성입니다. 모든 분야에 있어서 아주 높은 감수성을 보여주고 있었습니다. 그런데 이게 평균의 함정이더라고요. 20대 남성의 기후위기 감수성이 너무나 낮게 나왔습니다. 그래서 평균을 잡으면 청년층의 수준이 다른 세대에 비해 낮게 나왔던 겁니다. 어느 정도 격차가 있는지 살펴볼까요? 일상적 실천이나 체감 수준을 묻는 문항 등은 여러분이 예상할 수 있는 인식 격차가 나왔으니 지나가도록 하고, 특히 기후위기 심각성에 대한 인식 수준을 보여주는 문항, 그리고 자신의 실천 수준에 대한 평가를 묻는 문항을 살펴보겠습니다. '기후위기 때문에 자녀를 출산하지 않아야 한다고 생각한다.'에 여러분은 어느 정도로 동의하실까요? 기후위기 시대를 살아갈 미래세대의 두려움을 엿볼 수 있는 문항이기도 한데요, 20대 여성은

10명 중 3명이 출산 파업에 동참하겠다고 대답했습니다. 하지만 남성의 경우 9.9%, 10명 중 1명도 그렇게 생각하지 않았고 남녀 간 격차는 3배 정도 됩니다. 이런 인식 격차는 곧 한국이 앞으로 공동체를 유지하기 위해 지불해야 할 사회적 비용이 높아질 수 있다는 것을 보여주는 대목이기도 합니다. 저희가 설문조사 이후 20대 남녀를 대상으로 별도의 FGI를 진행해보았습니다. 출산파업을 하겠다고 답한 여성들 중에는 '앞으로 환경이 더 파괴될 지구에서 살아갈 아이가 불행할 것 같아서' '사람이 더 태어나면 환경에 좋을 것이 없기 때문에' 같은 이유를 들었습니다.

'기후 우울증/분노를 느낀다'는 응답자 역시 20대 남성은 14.3%, 20대 여성은 32.4%로 상당한 격차를 보였습니다. 여성들은 '기후위기 해결에 관심은 있지만 실천하지 못하는 데 죄책감을 가진다.'에 65%가 그렇다고 대답을 했고, 20대 남성은 33% 정도가 그렇다고 대답했습니다. 우리 사회 안에 평균보다 더 많이 노력하고 있는데도 정신적으로 더 많이 좌절하는 그룹이 있다는 뜻이기도 했습니다.

이러한 응답들은, 동일 세대 안에서 기후위기 감수성 격차가 명확히 존재한다는 것을 보여줍니다. 이러한 격차가 우리 공동체에 어떤 효과로 나타날지 주목할 필요가 있을 것입니다.

마지막으로 우리 사회에 '기후정치 세력이 존재하는가'라는 질문으로 가보겠습니다. 20대 대통령선거 후보들의 공약을 토대로 세부적인 내용을 물었고, 정치적 성향이 달라도 기후위기 해결에 앞장서는 후보가 있다면 그를 지지할 수 있는지, 기후위기 공약을 정치성향

## 기후위기에 대한 인식
어떤 감정을 느끼는가

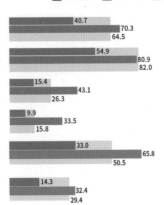

기후위기 감수성에서 드러난 '20대 현상'

■ 20대 남자 ■ 20대 여자 ■ 전체 평균

기후위기가 나의 일처럼 가깝게 느껴진다
40.7
70.3
64.5

10년 전에 비해 기후변화 문제에 관심이 높아졌다
54.9
80.9
82.0

지금은 특단의 대책이 필요한 위기상황이다
15.4
43.1
26.3

기후위기 때문에 자녀를 출산하지
않아야겠다고 생각한다
9.9
33.5
15.8

기후위기 해결에 관심은 있지만
실천에 옮기지 못하는 데 죄책감을 갖는다
33.0
65.8
50.5

기후우울증 혹은 분노를 느낀다
14.3
32.4
29.4

을 뛰어넘는 제1의 공약으로 여길 이들이 얼마나 있을지 등을 알아보고자 했습니다. 결론만 말씀드리자면, '기후위기 관련 공약을 지금보다 더 강조하는 후보가 나온다면 그 후보를 지지하거나, 지지 후보를 바꿀 의향이 있느냐'라는 질문에 30.8%는 그렇다, 34.9%는 없다, 34.3%는 모르겠다고 답했습니다. 흥미로울 정도로 둥근 원을 3조각으로 나눈 듯한 응답이 나왔습니다. 저희의 결론은 이렇습니다. '우리 사회에는 기후위기 이슈를 매우 중시하는 유권자 집단이 존재한다.' 그리고 이런 질문을 남겨두었습니다. '이들 유권자 집단을 한국 사회 최초의 '기후정치 세력'으로 전환할 응결핵은 무엇이 될 것인가?' 기후위기 이슈에 아주 관심이 많은 유권자 집단은 있지만 아직 이들은 나를 대변하는 정치 세력이 있다고 확실하게 생각하지는 못하고 있습니다. 이들을 결집할 정치 세력이 등장할 경우 더 빠르고 강력한 변화가 가능하리라 기대해봅니다.

저는 '모름'이라고 답한 34%가 가능성의 숫자라고 생각합니다. 나처럼 기후위기 문제에 대해서 고민하고 있는 사람들이 정치적 힘을 가질 수 있을까? 기후위기 이슈가 진지한 정치적 논의의 대상으로 취급되고 있는 걸까? 관성을 멈추고 거대한 전환을 이끌 수 있을까? 이런 질문을 가지고 있는 사람들 일부는 '모르겠다'라고 답한 응답자들에 포함될 거라고 생각했습니다. 이런 질문들이 의문에 그치지 않도록, 이 질문들이 공동체의 논의의 장에 올라올 수 있도록, 그리고 이 질문들에 답을 찾을 수 있도록 하는 것이 기후위기 시대 언론의 역할일 수 있겠다는 생각이 듭니다.

## 지식이 축적되는 방식의 기후위기 기사가 필요

이 기사가 나오고 나서 크고 작은 자리에 초대받아 시민들을 만나는 기회를 가질 수 있었습니다. 정말 많은 분들이 문제를 지적하는 기사도 원하지만 희망의 증거를 말해주는 기사 역시 원하고 있다는 것을 알 수 있었습니다. 나와 같은 고민을 하는 사람은 어떤 사람들인지를 추측하기도 하고, 나와 다른 생각을 하는 사람들의 인식 방향을 살피며 대화의 가능성을 고민하기도 하고, 우리 사회에 비어있던 질문이 무엇인지 함께 찾을 수 있는 시간이기도 했습니다. 조금 더 '구체적으로 아는 것'이 힘이 되어주리라 믿는 시간을 갖기도 했습니다.

사실 과거에 비해서는 언론 내 기후대응팀도 굉장히 많이 생기고 보도 방식도 바뀌고 있다는 것을 알고 계실 것입니다. 세계 정세 안에서 우리가 기후위기 문제를 어떻게 다루어야 하는지 친절하게 설명하는 기사도 나오고, 데이터를 잘 다루는 기자들은 과학적 사실에 기반한 심층적인 기사를 쓰기도 합니다. 다만 정치·경제·사회 분야 중심의 보도 관행이나, 출입처 중심의 시스템이 바뀌지 않았기 때문에 기후위기 이슈를 보도하는 데 인력을 충분히 배치하지 못하여 언론사 내부 갈등이 생기기도 합니다. 혹은 이벤트가 있을 때만 기사가 쏟아지기 때문에, 우리 삶 전반에 영향을 미치는 기후위기의 실태를 횡단적으로 다루는 기사를 만나기 어렵고, 언론인도, 독자들도 기후위기에 대한 지식이 축적되는 경험을 하기 어려운 것이 사실입니다.

　예를 한번 들어보겠습니다. 지난해 이집트 샤름 엘 세이크에서 열린 제27차 유엔기후변화협약 당사국총회(COP27)에 대한 보도들이 떠오릅니다. 당시에 나경원 기후환경대사가 이집트에서 연설을 하고 왔는데요, 당시에 이 연설과 관련해서 보도된 내용을 살펴보면 대개가 영어로 연설을 했다는 것, 그리고 윤석열 대통령을 '나의 대통령'이라고 말했다는 점에 초점을 맞췄다는 것을 알 수 있었습니다. 연설 내용에 대한 분석은 차치하고라도, 기후환경대사라는 직이 새로 생겼고 그 자리에 임명된 유명한 정치인이 대통령 특사로 세계적인 무대에 갔는데 보도는 너무 단편적이었습니다. 그 외에는 나경원 기후환경대사가 녹색 항로를 개척하는 논의를 하고 돌아왔다는 스트레이트 보도 기사들도 제법 나왔는데, 실체가 없는 계획을 경제적인 관점에서 기대를 담아 평가하는 기사들이었습니다. 그런데 녹색 해운, 블루카본 논의를 했다는데 그게 뭔가요? 저는 그 누구도 이게 정확히 뭔지 모른다고 생각합니다. 그냥 정부 보도자료를 받아쓴 듯한 기사만 나왔습니다. 우리가 긍정적으로든, 부정적으로든 COP의 위상과 실효성을 달리 평가할 수 있지만 그것과 별개로 언론인들이 맥락을 잘 모르는 사건을 쉽게 다룰 때 벌어질 수 있는 일이었다는 생각을 합니다.

당시 저는 COP에 대해 쉽게 알려드린다는 콘셉트의 기사를 준비했었는데요, COP27 현장을 방문했던 장다울 그린피스 정책전문위원에게 들었던 이야기가 무척 인상적이었습니다. COP 현장에 가보면 한국 정부와 기업이 언론과 시민단체의 견제로부터 너무나 자유롭다는 이야기였습니다. 제대로 된 비판이나 감시가 이루어지지 않고 있다는 걸 너무나 체감할 수 있다는 겁니다. 예를 들면, 한편에서는 동남아시아 K-팝 팬들이 열심히 플래시몹을 하면서 지금 기후위기에 대응해야 한다고 외치는데, 한국 홍보관에서는 국내 온실가스 배출량의 11.6%를 차지하는 '온실가스 배출 1위 기업' 포스코 그룹의 계열사가 탄소중립 실천 우수 사례를 발표하는 겁니다. 이런 일들이 일어나고 있어도 제대로 보도되지 않았다는 것이지요.

## '기후위기 저널리즘 헌장'의 탄생

지난해 프랑스에서는 일간지 〈리베라시옹〉에 실린 사진 한 장이 논란이 됐습니다. 심각한 가뭄 소식을 전하면서 공원에서 웃옷을 벗고 햇빛을 즐기고 있는 남성의 모습을 보도사진으로 썼기 때문입니다. 당시 환경 전문 매체들이 주축이 되어 기후위기 보도의 편집 관행에 대한 새로운 약속이 필요하다는 목소리를 냈고, 이런 목소리들이 모여 '기후위기 저널리즘 헌장'을 만들게 되었습니다.

수개월 논의 끝에 13개 항목이 만들어졌습니다. "언론인들은 환경·생태 정보를 다루는 방법을 교육받아야 한다." "언론사의 정치적 성향과 경제적 이해관계를 떠나 기후위기 뉴스는 보편의 생존권에 대한 뉴스로 취급되어야 한다." "기후위기 상황의 심각성을 축소하는 왜곡된 이미지와 상투적 표현을 피한다." "언론은 반환경적인 기업의 광고와 미디어 파트너십에 대해 반대의사를 표현할 권리가 있다." "저탄소 저널리즘을 실천한다."는 등의 내용이었습니다. 헌장이 공포되고 한 달 만에 언론인 1,400여 명과 언론사, 학교, 노동조합 등 500여 개 단체가 서명에 동참했습니다. 저는 이 일을 계기로 지난해 프랑스를 찾아 비영리 환경 전문 매체 〈르포르테르(Reporterre)〉, 브르타뉴 환경 탐사언론 〈스플란!(Splann!)〉, 청소년을 위한 생태기후 잡지 〈위 드맹 100% 아도(We demain 100% ado)〉를 현지 취재했습니다.

프랑스의 대표적인 환경 전문매체인 〈르포르테르〉의 책임 편집 국장 에르베 캠프는 '기후위기 저널리즘 헌장'을 만든 주요 멤버 중 한 명입니다. 〈르포르테르〉는 언론이 자신이 보도한 내용을 직접 실천하는 주체가 되어야 한다는 점을 강조하며 저탄소 저널리즘을 적극 실천하고 있는 매체이기도 합니다. 트래픽을 감소시키기 위해 홈페이지 사이트 디자인을 직관적으로 바꾸고, 기사에 들어가는 사진의 화질도 낮춰 에너지 소모를 줄이고, 태양광 패널을 이용해 사무실에 전기를 공급하고 음식물 쓰레기를 공동 채소밭의 퇴비로 쓰는 등 다양한 시도를 하고 있었습니다. 에르베 캠프에게 "한국에서는 기후위기 뉴스가 차순위로 밀리는 경우가 많다"고 말하자, 그는 놀라워하며 이렇게 이야기했습니다. "사람들이 기후위기 뉴스에 관심이 없을 거라고 생각하는 편집장들이 있다니 믿기지 않는다. 어렵거나 중요하지 않은 이야기라서 사람들이 읽지 않는 게 아니다. 어떻게 쓰느냐, 어떻게 읽게 하느냐의 문제다. 그러니 더 많이 쓰는 것을 두려워하지 말아야 한다."

'더 많이 쓰는 것을 두려워하지 말아야 한다', 이 말은 지금 언론에 꼭 필요한 말이 아닐까 하는 생각을 해봅니다.

### 참고 기사

"2022 대한민국 기후위기 보고서를 공개합니다.", 이오성·김다은, 2022.1.10(시사IN 747호)
"'20대 여자 현상', 기후위기 감수성에서도 나타났다", 김다은, 2022.1.25(시사IN 749호)
"최초의 '기후정치 세력', 핵심 유권자 집단 될까", 이오성, 2022.1.24(시사IN 749호)
"배출은 200개국 중 17위, 대응은 60개국 중 57위", 김다은, 2022.12.15(시사IN 795호)
"이 한 장의 사진 이후 기후위기 보도가 바뀌다", 김다은, 2022.11.21(시사IN 792호)

**Q. 사람들의 기후감수성을 향상시키는 빠른 방법이 무엇일까요?**

**A.** 프랑스 매체를 취재하며 만난 〈위 드맹 100% 아도(We demain 100% ado)〉의 다비드 그로와손 편집장이 한 말을 나누고 싶습니다. 〈위 드맹 100% 아도〉는 그레타 툰베리 세대를 위한 청소년 환경전문 잡지입니다. 청소년들은 많은 부분에서 자신에게 선택권이 없다고 느끼는 경우가 굉장히 많답니다. 예를 들어 엄마와 같이 장을 보러 갔을 때도 "엄마, 나 이거 먹고 싶어."라고 했다가 안 된다고 하면 못 사 먹는 거죠. 휴가지를 정할 때도 대부분 부모나 어른들에게 선택권이 있습니다. 그래서 청소년들이 기후위기 대응에 대해서 고민할 때도 '내가 정말 기후위기와 관련해 뭔가 할 수 있는 사람일까? 할 수 있는 게 없을 것 같은데.' 하는 생각을 많이 한다고 합니다.

그래서 나와 같은 청소년들이 기후위기와 관련해서 어떤 실천을 하고 있는지 어떤 질문을 던지고, 어떻게 친구들과 답을 찾아가고 있는지 그 모습을 계속해서 보여주는 것이 그 매체가 하는 굉장히 중요한 일이라고 하더라고요. 그러한 다양한 실천을 보면서 '나도 저 친구처럼 뭔가를 할 수 있겠구나.' '나도 저거 같이 해봐야겠구나.' 하고 새로운 아이디어를 계속 만들어낼 수 있다는 거죠.

그래서 언론은 나와 같은 평범한 시민들의 고민과 실천을 발굴하고 가시화함으로써 시민들이 그 주제에 대해 말하게 하는 것, 한 번 더 고민하게 하는 것이 매우 중요하다고 생각합니다. 공동체 안에서 대화의 주제가 될 수 있는 기사가 더 많아진다면, 자연스럽게 우리 사회 곳곳의 기후위기 감수성도 올라갈 거라 생각합니다.

# 소명으로서의 기후정치

**김혜미** | 녹색전환연구소 연구원

기후위기와 관련한 수많은 의제들을
어떻게 정치적인 의제로 다룰 수 있을까

정치가 구체적인 삶의 변화를 만들어내지 못하는 위기의 상황에서 정치의 가능성을 이야기한다는 것 자체가 사실은 굉장히 부담스러운 때입니다. 한편 한국처럼 정치에 대해서 시민들 각자가 상당히 높은 관심과 전문 영역을 갖고 있는 나라도 많지 않지요. 그래서 우리 사회에서 정치가 가끔 너무 쉽게 다루어진다는 생각도 듭니다. 놀랍게도 한국은 정당 가입률이 굉장히 높은 편입니다. 선거철을 중심으로 양당(국민의힘, 더불어민주당) 가입률이 늘어나는 추세를 보이기도 합니다. 이런 이면에 정치 양극화는 지속적으로 심화되고 있고, 정치인들과 전문가들은 양당 중심, 진보와 보수라는 프레임과 정쟁만 남았다고 냉소하기도 합니다. 이렇게 쉽지 않은 조건에서 필연적으로 장

기적 비전을 공유해야 하는 기후정치 전략을 어떻게 세워야 하는지
에 대해서 여러분과 함께 지혜를 나눠보려고 합니다.

특별히 이야기하고 싶은 것은 '소명으로서의 기후정치'라는 주제
입니다. 어디서 많이 들어본 이야기인 것 같죠? 막스 베버가 한 말이
기도 합니다. '직업으로서의 정치'라고 많이 번역이 돼 있는데요, 독
일어인 'Beruf'라는 단어의 뜻에는 '소명'과 '직업'이 동시에 내포되
어 있다고 합니다. 그렇기 때문에 막스 베버가 강조한 책임의 정치와
신념의 정치가 이 단어 안에 잘 녹아있다는 생각이 들기도 합니다.
더불어 한국 사회에서 기후정치가 발현되어야 하는 건 바로 그 관점
과 태도가 아닐까 싶습니다.

이러한 기후정치를 실현하기 위해서는 시민들을 잘 설득해야 할
텐데, 우리 시민들은 기후에 대해서 얼마나 관심을 가지고 이야기하
고 있을까요? 구글 트렌드를 보면 2022년의 경우 종합 부분과 뉴스
사회 부분에서 1위를 차지한 것이 '기후변화'입니다.

출처 : 구글트렌드

실제로 스스로 휴대전화든 컴퓨터든 전자기기를 작동시켜 인터넷 포털인 구글 검색창에 '기후변화'를 검색한 시민들이 한국에 저렇게 많다는 것입니다. 작년인 2022년 한 해 동안 기후변화라는 키워드가 무려 드라마 〈이상한 변호사 우영우〉를 이길 정도로 뜨거웠습니다. 2021년, 2019년에 코로나와 연관된 키워드들이 인기검색어 1, 2위를 다퉜던 것과 비교하면 굉장히 달라진 현상이라고 볼 수 있습니다.

## 기후입법 동향

이렇게 시민들의 기후변화에 대한 관심은 뜨거운데 이 시민을 대표하겠다고 300명이 모여 있는 국회는 어떤 모습으로 움직이고 있는지 궁금하지 않으세요? 어떤 자료를 가지고 나름대로 '객관적이고' '수치'에 근거한 내용을 보여드릴 수 있을까 고민을 하다가 '입법 현황'을 한번 보자는 생각이 들었습니다. 다음은 21대 국회에서 현재까지 '기후'라는 키워드로 진행되고 있는 입법 동향입니다.

보시다시피 총 16건입니다. 이 16건 중에 현재 3건 통과된 것으로 볼 수 있습니다. 한국 의회의 가장 고질적인 문제 중 하나로 '과도한' 입법 경쟁을 꼽습니다. 이와 같은 현상 때문에 '입법 폭주'라는 말까지 생겼는데요. 좀 더 깊숙하게 살펴보겠습니다. 21대 국회는 아직 안 끝났으니까 20대 국회로 잠깐 돌아가 볼까요? 20대 국회 때 무려 2만 4,121건을 입법했습니다. 우리 의원들이 굉장히 열심히 일하는

| 의안명 | 제안자<br>(제안일자) | 상임위원회<br>(소관부처) | 국회현황<br>(추진일자) | 의결현황<br>(의결일자) | 의안번호<br>(대안번호) |
|---|---|---|---|---|---|
| 기후위기 대응을 위한 탄소중립·녹색성장 기본… | 유의동의원 등 13인<br>(2022. 12. 15.) | 환경노동<br>(환경부) | 위원회 회부<br>(2022. 12. 16.) | | 2118965 |
| 기후위기 대응을 위한 탄소중립·녹색성장 기본… | 이학영의원 등 10인<br>(2022. 12. 15.) | 환경노동<br>(환경부) | 위원회 회부<br>(2022. 12. 16.) | | 2118949 |
| 행정기관 소속 위원회 정비를 위한 기후위기 대… | 정부<br>(2022. 9. 30.) | 환경노동<br>(환경부) | 위원회 회부<br>(2022. 10. 4.) | | 2117669 |
| 기후위기 대응을 위한 탄소중립·녹색성장 기본… | 전용기의원 등 12인<br>(2022. 9. 16.) | 환경노동<br>(환경부) | 위원회 회부<br>(2022. 9. 19.) | | 2117394 |
| 기후·기후변화 감시 및 예측 등에 관한 법률안 | 임이자의원 등 10인<br>(2022. 8. 31.) | 환경노동<br>(기상청) | 위원회 상정<br>(2022. 11. 17.) | | 2117109 |
| 기후위기 대응을 위한 탄소중립·녹색성장 기본… | 이장섭의원 등 10인<br>(2022. 2. 28.) | 환경노동<br>(환경부) | 위원회 상정<br>(2022. 5. 4.) | | 2114835 |
| 기후변화대응 기술개발 촉진법 일부개정법률안 | 정필모의원 등 12인<br>(2022. 1. 14.) | 과학기술정보방송통신<br>(과학기술정보통신부) | 본회의 심의 의결<br>(2022. 5. 29.) | 원안가결<br>(2022. 5. 29.) | 2114400 |
| 기후위기 대응을 위한 탄소중립·녹색성장 기본… | 유의동의원 등 13인<br>(2021. 12. 14.) | 환경노동<br>(환경부) | 위원회 상정<br>(2022. 5. 4.) | | 2113890 |
| 기후위기 대응을 위한 탄소중립녹색성장 기본… | 환경노동위원장<br>(2021. 8. 25.) | 환경노동<br>(환경부) | 공포<br>(2021. 9. 24.) | 원안가결<br>(2021. 8. 31.) | 2112217 |
| 기후위기 대응 및 탄소중립 이행에 관한 기본법안 | 이수진의원 등 15인<br>(2021. 6. 18.) | 환경노동<br>(환경부) | 본회의 심의 의결<br>(2021. 8. 31.) | 대안반영폐기<br>(2021. 8. 19.) | 2110890<br>(2112217) |
| 기후위기 대응과 정의로운 녹색전환을 위한 기… | 강은미의원 등 10인<br>(2021. 4. 23.) | 환경노동<br>(환경부) | 본회의 심의 의결<br>(2021. 8. 31.) | 대안반영폐기<br>(2021. 8. 19.) | 2109705<br>(2112217) |
| 기후위기대응 기본법안 | 유의동의원28인<br>(2020. 12. 18.) | 환경노동<br>(환경부) | 본회의 심의 의결<br>(2021. 8. 31.) | 대안반영폐기<br>(2021. 8. 19.) | 2106733<br>(2112217) |
| 기후위기대응법안 | 안호영의원 등 17인<br>(2020. 12. 1.) | 환경노동<br>(환경부) | 본회의 심의 의결<br>(2021. 8. 31.) | 대안반영폐기<br>(2021. 8. 19.) | 2106016<br>(2112217) |
| 기후위기 대응을 위한 녹색금융 촉진 특별법안 | 민형배의원 등 28인<br>(2020. 11. 13.) | 정무<br>(금융위원회) | 위원회 법안소위<br>(2021. 2. 17.) | | 2105346 |
| 기후위기 대응을 위한 탈탄소사회 이행 기본법안 | 이소영의원46인<br>(2020. 11. 11.) | 환경노동<br>(국무조정실) | 본회의 심의 의결<br>(2021. 8. 31.) | 대안반영폐기<br>(2021. 8. 19.) | 2105226<br>(2112217) |
| 기후변화대응 기술개발 촉진법안 | 조승래의원12인<br>(2020. 11. 9.) | 과학기술정보방송통신<br>(과학기술정보통신부) | 공포<br>(2021. 4. 20.) | 수정가결<br>(2021. 3. 24.) | 2105130 |

것 같죠? 그럼 20대 국회 때 기후 입법은 몇 건 발의되었을까요? 단 3건 발의되었고요, 이 3건 모두 임기 만료 폐기됐습니다. 20대 국회, 그러니까 3, 4년 전만 해도 국회에서는 기후라는 것을 입법하지도 않았고 입법하려고 발의를 했던 것도 모두 다 임기 만료 폐기가 됐습니다. 그리고 3년 뒤인 지금은 16건 발의, 3건 정도가 입법이 된 상태입니다. 그럼에도 여전히 너무나 부족한 현실이죠. 다만 '기후'라

는 키워드가 아니라 우리가 보다 익숙한 '환경'이나 '녹색'으로 찾아보면 300건, 400건 이렇게 확장되긴 합니다.

그러나 우리는 잘 알고 있습니다. '기후'라는 단어가 들어간 법들이 대개 현재 기후위기를 분명히 정의하고, 문제를 해결할 방향성을 지닌 법안이라고 평가할 수 있는데, 그것을 위한 논의가 의회에서 제대로 진행되지 않고 있다는 의심을 할 수밖에 없습니다. 그렇기 때문에 한국 의회의 문제점이 될 정도로 높은 입법 경쟁 속에서도 경제성을 갖지 못하는 '기후'라는 주제를 어떻게 시민들과 정치 세력화할 수 있을지에 대한 고민이 커집니다.

## 양극화된 정치 상황에서
## 어떻게 기후정치를 이야기할까

이제 기후변화는 정말로 빙하가 녹아 해수면이 상승되어 가라앉는 먼 나라 섬 이야기나 윤리적 고민에서 끝날 수 없게 되었습니다. 한국에서도 보통 시민들에게 기후변화와 환경 문제는 폭우와 폭설 같은 자연 재난으로, 쓰레기 소각장을 추가로 건설하는 지역 현안으로, 난방비 상승 같은 살림문제로 직결되기 시작했습니다.

지속적으로 반복되는 폭우 참사나 가스요금, 전기요금, 한전적자 문제는 이제 기후 그리고 에너지 위기로 실존하는 사회문제입니다. 많은 전문가가 지적했듯, 전기요금과 가스요금 인상의 이유는 에너지 원료 가격 상승입니다. 그러나 원료 가격이 전쟁 등 국제정세의 불안정성으로 인해 상승하기 전에도 '한국전력공사'는 적자에 시달리고 있었습니다. 즉 해외 수입에 의존하는 전력 시스템의 해결을 미루다가 가장 극단적인 방법으로 문제를 마주하게 된 셈입니다.

그런데 여당은 지금 어떤 모습일까요? 당대표 선거가 막 끝났습니다. 당대표 선거 굉장히 중요하죠. 왜냐하면 '국민의힘'의 경우 내년에 국회의원 선거에서 당대표가 공천권을 쥐게 되기 때문에 굉장히 중요한 일정입니다. 그런데 선거기간에 안타깝게도, 후보자 모두가 당내 민주주의를 빼놓지 않고 이야기하면서 당에서 굉장히 열심히 싸웁니다. 어떻게 현안과 민생을 위해 정치할 것인가로 토론하고 논쟁하는 것이 아니라, 정파와 계파로 나뉜 채 여론(조사)만을 의식하고 맹종하는 정치인, 자신의 이익만을 따지는 권력투쟁만 남았습니다. 시민들이 정치를 통해 그런 것만 볼 수밖에 없는 현실이 매우 안타깝습니다.

그렇다면 제1야당은 어떻게 하고 있을까요? 민생 이야기를 하고 있지만 국회 안에서 해결하지 못하고 장외 투쟁을 한참 진행하고 있습니다. 안타까운 현실이죠. 시민들도 마찬가지입니다. 모두가 거리에 나와서 자신의 고통과 부당함을 외칠 수밖에 없습니다. 실제로 이런 모든 내용을 공적 영역에서 공적으로 조정해야 할 정치가 '실종' 상태니까요. 게다가 더불어민주당이 과반 이상의 의석수를 가지고 지난 3년 동안 기후, 노동, 복지 어떤 영역에서 과연 우리의 삶을 얼마나 변화시켰는가에 대한 고민을 하지 않을 수 없습니다. 그러므로 양극단으로 가는 정치적 상황에서 우리가 어떻게 기후정치에 대한 고민을 더 나누고 이야기하고 설득시켜야 하는지에 대한 과정을 이야기하고 싶습니다.

물론 한국만 양극화로 인해 정치가 나빠지는 상황은 아닙니다. 그래서 어쩌면 더 절망스러운 측면도 있습니다. 정치에 관심이 많다 보니, 신년 또는 각 국가의 주요 기념일에 대통령을 비롯한 국가 지도자나 주요 정치인들의 연설을 가끔 챙겨 듣습니다. 보통 신년사를 듣는데, 이번에 바이든 미국 대통령은 성탄절 연설에서 이런 이야기를 했습니다.

"우리 정치는 지금 너무 사납고, 잔인하고, 분열되어 있다(Our politics has gotten so angry, so mean, so partisan)."

늘 여러 시행착오가 있지만 그래도 민주주의가 높은 수준으로 발달하고 제도화되었다고 평가되는 미국에서조차도 이런 상황입니다. 어느 때보다 전 세계가 '통합'의 정치, 리더십의 필요성을 절감하고 있다고 볼 수 있지요.

그렇기 때문에 사실상 기후정치에 대해 이야기할 때는 오히려 정치의 본령, 정치가 어떻게 우리 사회에서 사회적 갈등을 해결하고 공적 조정 능력을 되찾느냐, 그리고 그런 사람들을 어떻게 정치가로 키우느냐에 대해 더 집중해서 이야기해볼 필요도 있습니다. 그래야 정치가 제대로 된 시간표를 가지고 지구의 한계 속에서 이런 문제들을 해결해나가는 역할을 할 수 있을 것입니다.

# 2023 기후달력

앞으로 한국 사회의 정치 영역에서 해결해가야 할 달력을 그려봤습니다. 정말 매월 해야 할 중요한 일들이 있습니다.

2월부터 한번 볼까요? 녹색분류체계가 1월에 발표됐으니 2월에 이 부분에 대해서 논의를 시작했습니다. 그러나 여전히 미흡한 점이 많다는 평가입니다. 특히 '핵발전소 수명연장'을 전환 부문 녹색경제 활동으로 분류하여 '그린워싱'의 소지만 키웠다는 평가가 있습니다. 전력수급기본계획에 대해서도 '신재생에너지 비중'을 낮춘 부분에 대해서 기후 단체들이 소송을 진행하기도 했습니다.

이미 공식적인 법정기한을 놓치고도 형편없다는 비판을 받고 있는 정부 '탄소중립 녹색성장 기본계획(이하 기본계획)'은 다양한 기후 단체, 기후 연구를 진행하는 민간 싱크탱크들을 비롯하여 정치권에서조차 문제 있다는 목소리가 끊임없이 나오고 있습니다. 공교롭게 기본계획 공청회 하루 전 발표된 IPCC 6차 종합보고서는 모든 지표를 나쁘게 그리고 있었습니다. 앞으로의 8년, 10년이 수백 년을 결정할 것이라는 엄중한 경고도 놓치지 않았습니다. 이렇게 순차적으로 발표되고 발행되는 계획과 보고서들에 대해서, 공론의 장을 통해서든 사회적 대화기구나 거버넌스를 활용해서든 사회 문제와 갈등을 해결할 방법을 강구해야 하는 정치인들은 이 부분에 대해 신중해져야 합니다.

정치권의 영향력이 중요한 것은 사실이지만, 기후정치만큼 기후운동도 중요합니다. 이 양축이 잘 진전해 나아갈 때 기후 정의가 이루어질 수 있을 것입니다. 그렇기에 기후운동의 움직임도 살펴볼 필요가 있습니다.

3월에는 3·11 탈핵행진이 부산을 중심으로 전국적으로 이루어졌습니다. 윤석열 대통령은 여전히 원전에 심혈을 기울이고 있지만, 원전은 에너지원으로서 자체의 안전성뿐만 아니라 '사용후핵연료' 문제 역시 해결하지 못하고 있습니다.

4월은 많은 기후시민들이 굉장히 열심히 참여하는 기후파업 일정이 있습니다. 이 기후파업이 많은 시민들에게 공감대를 얻을 때 실제로 노동자들이 기후 문제를 해결하는 데 있어서 이 문제를 좀 더 자신의 관점에서 논의할 수 있다고 생각합니다. 또 4월은 22대 국회의원 선거 1년을 앞둔 시점이고, 실제로 선거법 개정 이슈가 법정기한으로 만료되어야 합니다. 사실 선거법 개정 이슈는 늘 해를 넘기고 말지만 그럼에도 실제로 기후정치를 할 수 있는 국회 환경을 만들어주는 선거법 개정에 대해서도 시민들이 관심을 가져야 합니다. 뿐만 아니라 소수정당의 선거운동조차 가로막는 선거법, 정치자금법, 정당법 등의 개선 필요성에 대해서 함께 논의할 수 있어야 합니다.

5월이 되면 G7이 열리고, 날이 더워지기 전 6월에는 국가 기후위기 적응대책 보강도 필요합니다. 2023년 초, 겨울 난방비 문제가 큰 이슈가 되기도 했습니다. 여름인 7월이 되면 또 얼마나 더울지 걱정이 됩니다. 이런 모든 영역에서 이제 더 이상 기후정치는 따로 뗄 수 있는 문제가 아닙니다.

| 2023년 기후달력 | | |
|---|---|---|
| | 주요 일정 | 주요 이슈 |
| 1 | 녹색분류체계, 전력수급기본계획 발표 | |
| 2 | 탈석탄법 청원 국회 심사 | |
| 3 | 탄소중립 기본계획(NCD 로드맵) 발표 IPCC 6차 종합보고서 완료, 3·11 탈핵행동 | • 기후공시(ESG) 실시 |
| 4 | 4·14 세종 기후정의파업, 선거법 개정 이슈(총선 1년 전) | • 전기요금·가스요금 등 에너지 요금 인상 |
| 5 | G7 정상회의 | • 국제 곡물가격 상승 |
| 6 | 국가 기후위기 적응대책 보강 | • 제4차 배출권거래제 |
| 7 | 폭염/장마 대책 | 기본계획 |
| 8 | 전력 피크 | • 순환경제사회 전환 촉진법 |
| 9 | G20, 기후행진 | (2024. 1. 1. 시행) |
| 10 | EU 탄소국경조정제 시범 운영 | |
| 11 | 제28차 유엔기후변화협약 당사국총회(COP28) 개최 | |
| 12 | 2024년 예산안 국회 심의 | |

＊추가로 2~3월 국민의힘 당대표 선거, 6월 세계녹색당총회 등이 주목할 만하다.


이제 기후 문제는 거시적인 변화에서부터 생활 정치의 영역까지 필연적으로 연결됩니다. 그렇기 때문에 2월부터 11월까지의 정치적 상황에서 기후정치가 작동할 수 있게끔 우리가 제대로 된 정치적 영향력을 갖는 것이 무척 중요합니다.

그렇게 한 해 예산을 논의하는 12월까지의 여정에서 기후 문제를

**924 기후행진**  2022년 9월 "기후재난, 이대로 살 수 없다, 기후 정의를 위해 함께 행진하자"며 3만 5,000명의 시민들이 모였다.

놓지 말고 가보자고 희망의 끈을 함께 붙잡아야 할 분들이 기후시민들입니다. 지난 2022년 9월 '기후행진'에 뜨겁게 모였던 3만 5,000명. 이 3만 5,000명이라는 시민들은 이제 '그러면 다음 단계는 뭐야?'라고 묻고 있다고 느껴집니다. 더불어 기후행진 다음, 이틀 만에 모인 탈석탄법 제정을 촉구하는 5만 명이라는 숫자를 보며 희망을 가지고 기후정치를 준비하고 실현해보자는 마음을 함께 나누고 싶습니다.

## 기후가 아니라 정치를 바꾸자

2022년 9월 24일 기후행진을 하기 2년 전, 국회에서 기후위기 비상대응 촉구결의안을 채택했고, 실제로 최근 국회 내 기후위기 대응

을 위한 '기후위기특별위원회'가 설치되었습니다. 분초를 다투는 기
후 문제를 다루는 국회 내 특별위원회이지만 여전히 권한과 역할이
분명하지 않거나 협소하다는 평가가 많습니다. 기후정치의 중요성
은 국제적으로도 나날이 커지는데 실제로 입법과 행정에 영향을 줄
수 있는 정치가 입법부에서 가능한지 우려가 되기도 합니다. 시작부
터 불안하지만, 입법부는 시민의 대표로서 정부의 방향성을 견인하
고 사회적 갈등을 조정하는 본래의 의무를 다해야 합니다.

| '기후위기 비상대응 촉구 결의안' 주요 내용 |
| --- |
| 현재 상황을 '기후위기'로 엄중히 인식하고 '기후위기 비상상황' 선언 |
| 2030년 온실가스 감축목표 상향, 2050년 온실가스 순배출 제로(0) 목표로 장기 저탄소 발전전략 수립 촉구 |
| 국회 내 '기후위기 대응을 위한 특별위원회' 설치 |
| 부작용과 비용이 사회적 약자, 노동자 등에 전가되지 않도록 '정의로운 전환 원칙' 준수 |
| 지속가능한 사회 추구 |
| 국제적으로 탄소 배출 줄이기 위해 정부와 협력 |

한전적자 문제의 해법을 논의하는 곳도 국회이고, 난방비 인상 문
제에 대해서도 에너지 지원금을 주는 단기적 방법으로 해결할 것인
지, 아니면 주거복지를 향상하는 방식의 근본적 대책 마련을 수립할
것인지 결정하는 곳도 입법부입니다. 이런 점에서 우리가 시민으로
서, 유권자로서, 기후에 관심 있는 기후정치 활동가들로서 지금 한국

의 의회가 어떤 입장을 내고 어떤 이야기를 할지 더욱 촉각을 곤두세
워 주시해야겠습니다.

## 반응에서 응답으로

　시민들은 기후와 관련해 생각보다 열렬한 반응을 보였습니다. 탄
소중립이라는 단어를 60% 이상 알고, IPCC라는 단어도 알고 있습
니다. 지난 대통령 선거 이후로 'RE100'을 모르는 국민보다 아는 국
민이 더 많은 것처럼 보입니다. 이 뜨거운 반응을 어떻게 응답받는
정치로 만들 것인가가 현실의 문제입니다. 베버의 말로 돌아가 보면,
결국 정치는 이 개인들의 "열정을 객관성과 결합하는 능력"에 따라
실력이 달라집니다. 앞으로 응답받는 기후정치의 역할을 찾아가는
길을 함께 모색해야 하지 않을까요?

**Q. 기후위기 대응에 있어 일선 공무원들은 어떤 역할을 해야 할까요?**

**A.** 일선 공무원분들과 이야기를 나눈다면 두 가지 제안을 하고 싶습니다. 첫째는 발굴이고 둘째는 옹호입니다. 일선에서 의무적으로 해야 하는 것은 당사자들을 발굴해서 필요한 지원을 하는 것입니다. 이것이 굉장히 중요합니다. 기후위기에 분명하게 직면해 있는 당사자 분들이 계십니다. 그분들의 삶이 더 이상 나빠지지 않게, 더 이상 다치지 않게 보호하는 역할이 공무원이 해야 할 필수의무라 생각합니다. 둘째는 그 발굴의 영역 안에 들어오지 못하는 사람들을 옹호하는 활동을 하는 것입니다. 그 옹호활동을 통해 기후불평등 심화를 줄여나가는 것이 공무원으로서 할 수 있는 가장 적극적인 기후위기 대응 방법 중 하나라고 생각합니다.

**Q. 우리가 정치적으로 어떤 변화를 이끌어내야 할까요?**

**A.** 저는 내년(2024년) 4월이 정말 중요할 것이라 생각합니다. 그런 의미에서 이제는 반응만 원하는 정치가 아니라 응답받는 정치를 위해서 나는 뭐부터 해야 할까라는 고민을 시작했습니다. 이제는 양당을 고쳐 쓰는 갖춰진 상상력을 뛰어넘는 정치적 상상력이 필요한 시기입니다. 시민사회는 그동안 공약 MOU 맺고 후보 평가하면서 당선 가능성 높은 곳들을 자주 만나왔습니다. 하지만 이제는 우리가 먼저 '우리가 원하는 기후 후보는 누구다, 우리가 원하는 기후정당은 적어도 이런 정도의 강령은 가지고 있어야 한다'는 명백한 신호를 보여줄 때입니다. 그래서 응답받을 수 있는 기후정치를 위한 유권자 그룹을 만들고 그것이 2024년 총선에서 영향력을 발휘할 수 있었으면 좋겠습니다.

# 지구는 숨 가쁜데,
# 한국 기후 정책은 역주행*

**이유진** | 녹색전환연구소 부소장

2023년 4월 발표한 한국 정부의 '탄소중립 기본계획'은
어떤 내용을 담고 있는가

2023년 봄, 정부는 한국 사회가 2030년까지 기후위기 대응을 어떻게 할지에 대한 계획을 완성했습니다. 3월 21일 초안 발표부터 4월 11일 국무회의 의결까지 걸린 시간은 22일입니다. 이렇게 완성된 '탄소중립·녹색성장 국가전략 및 제1차 국가 기본계획(이하 탄소중립 기본계획)'은 기후위기 시대에 우리를 안전하고 지속가능한 사회로 이끌 수 있을까요?

정부가 초안을 발표하기 바로 전날 스위스에서 IPCC 6차 종합보고서가 승인되었습니다. 보고서의 핵심 내용은 인간의 온실가스 배

---

* 이 글은 저자가 작성한 〈2023년 국내외 10대 기후에너지전망 보고서〉와 2023년 3월 29일 "[이유진 칼럼] 지구는 숨 가쁜데, 한국 기후 정책은 더 후퇴했다"를 수정 보완한 것임을 밝힙니다.

출이 전 지구 지표 온도를 1850~1900년 대비 현재(2011~2020년) 1.1℃로 상승시켰다는 점, 그리고 과거와 현재 모두 전 지구 온실가스 배출량의 지역, 국가, 개인에 따른 기여도는 균등하지 않다는 점입니다. 많이 배출한 지역, 국가, 개인의 책임을 강조한 것도 보고서의 특징입니다. 무엇보다 지구 평균기온 상승의 마지노선 1.5℃ 도달이 지금 속도대로라면 2030~2035년이 될 수 있다는 경고도 담았습니다. 따라서 인류는 10년 이내에 온실가스 배출량을 규모 있고 신속하게 줄여야 한다고 전했습니다. "지금 우리의 선택이 수백 년, 수천 년을 좌우할 것이다."라는 메시지와 함께.

## 윤석열 정부, "다음 정부에서 줄여야"

그렇다면 IPCC의 과학을 기반으로 한 보고서는 한국 정부의 탄소중립 기본계획에 어떻게 담겨 있을까요? 감축량을 다음 정부로 몰아버려 IPCC가 제시한 신속한 대응과는 거리가 멉니다. 게다가 IPCC가 비용 효과적이라고 제시한 태양광, 풍력과 같은 재생에너지 비중은 오히려 줄이고 원전과 탄소포집저장 기술과 같은 불확실성이 크고 비용이 많이 들어 기후위기 대응 정책으로 적당하지 않은 정책 수단을 대폭 늘렸습니다. IPCC 보고서의 권고를 부정하는 수준의 계획을 수립한 것입니다.

탄소중립 기본계획은 기후위기 대응을 위한 최상위 법정계획으로, 향후 20년(2023~2042) 간의 부문별·연도별 감축목표와 수단, 재

우리가 어떤 선택을 하느냐에 따라 현 세대와 미래세대가 겪을 세상이 달라진다

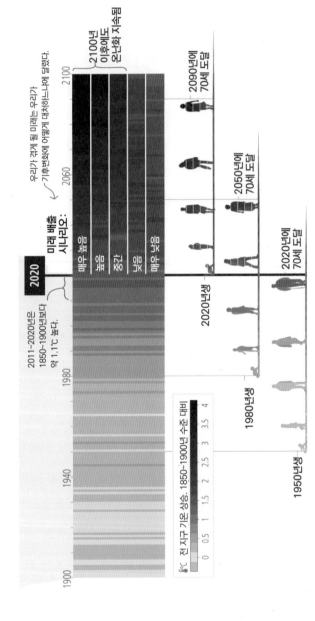

자료 : IPCC 6차 종합보고서, 2023.

원 규모와 조달 방안을 담아야 합니다. 우리나라의 온실가스 배출과 탄소중립 경로를 보면 1990년부터 2021년까지 지속적으로 배출량이 늘어났습니다. 우리가 2050년 탄소중립을 하려면 2018년 7억 2천만 톤이 넘은 배출량을 2050년에는 8천만 톤(시나리오 A) 수준으로 줄이고, 8천만 톤을 흡수해야 하는 상황입니다. 한국 사회가 2021년에 국제사회에 감축하겠다고 약속한 목표치는 2018년 대비 40% 감축입니다. 사실 이것도 2018년은 총배출량, 2030년 목표는 순배출량(총배출량-흡수량)으로 되어있어서 총배출량을 기준으로 하면 29.6%를 줄이는 셈입니다. 그래프에서 보듯이 우리나라의 온실가스 배출량이 줄어든 시기는 1998년 IMF 시기와 2019년 미세먼지로 인한 석탄제약발전, 2020년 코로나19 시기뿐입니다. 이후 2021년 배출량은 반등한 상태입니다.

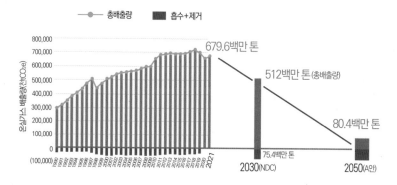

출처 : 온실가스종합정보센터, 2021년 국가 온실가스 잠정배출량(2022),
1차 국가 탄소중립 녹색성장 기본계획(2023), 2050탄소중립 시나리오(A) 토대로 재구성

**한국의 탄소중립 경로**

특히 우리나라는 2018년 배출량 정점을 찍고 아직 구조적으로 온실가스 감축에 들어간 상태가 아니기 때문에 앞으로 2050년까지 탄소중립 목표를 달성하려면 산업 전환과 에너지 전환에 따른 충격이 크게 발생할 수밖에 없습니다. 따라서 정의로운 전환에 대한 대책도 매우 중요합니다.

그런데 윤석열 정부에서 확정한 탄소중립 기본계획은 2021년보다 대폭 후퇴했습니다. 특히 2030년 국제사회 온실가스 감축목표 달성에서 실제 감축량이 윤석열 정부 임기 이후에 몰려 있습니다. 현 정부 임기 동안 총 감축량의 25%를 줄이는 데 반해, 다음 정부는 3년(2028~2030년) 만에 75%를 줄여야 합니다. 그래서 "내 임기 동안은 안 돼."라는 '님기현상'이라는 비판을 받기도 했습니다.[*] 전력 중 재생에너지의 비중은 2021년 30.2%에서 21.6%+$\alpha$로 줄고, 원전 비중은 23.9%에서 32.4%로 늘었습니다. 산업 부문 감축률을 14.5%에서 11.4%로 줄이고, 줄어든 810만 톤을 전환과 국제감축, 탄소포집활용저장(CCUS)으로 넘겼습니다.

국제감축이란 국가 간에 협의하에 해외에서 온실가스 감축 사업을 추진하고, 국제적으로 인정받은 감축 실적을 국내로 이전받는 것을 말합니다. 국제감축은 국제협상이 여전히 진행 중이고, 파리기후변화협약 이후 개발도상국도 의무 감축을 하므로 국제감축량을 온전히 감축량으로 반영하기 어렵습니다. 충격적인 것은 산업 부문에서

---

[*] [윤세종의 기후행동] '님기현상("내 임기 중에는 안 돼")'을 말한다. 내일신문 http://www.naeil.com/news_view/?id_art=456589

2030년까지 2,980만 톤을 줄이는데, 국제감축에서는 3,750만 톤을 줄이도록 되어있습니다. 보조 수단인 국제감축 부문이 산업 부문보다 더 많은 양을 차지하는 것입니다. 탄소포집활용저장은 국내에서는 포집한 탄소를 저장할 해저 공간(유전과 가스전)이 마땅치 않고, 비용도 많이 드는 기술입니다. 정의로운 전환에 대한 대책은 노동자들의 일자리 전환을 지원하는 교육비 지원에 집중해 있습니다.

## 산업 부문 낮은 감축률, 기업 대응 늦추는 '신호 오류'

2030년 온실가스 감축목표 달성을 위한 부문별 감축률을 보면 폐기물(46.8%), 전환(45.9%), 수송(37.8%), 건물(32.8%), 농축수산(27.1%), 산업(11.4%) 순입니다. 정부는 이번에 기본계획을 수립하면서 유일하게 산업 부문만 감축률을 2021년 수립한 14.5%에서 11.4%로 낮췄습니다.

기본계획에서 산업 부문 감축량이 줄어든 데에는 샤힌 프로젝트 같은 석유화학 공정에서의 온실가스 배출량이 늘어난 것 때문으로 보입니다. 에스오일은 샤힌 프로젝트로 9조 원 규모의 세계 최대 석유화학 설비, 스팀 크래커 구축 사업을 추진하고 있습니다. 문제는 스팀 크래커가 고온에서 에틸렌이나 프로필렌을 생산하기 때문에 다량의 온실가스를 배출한다는 점입니다. 샤힌 프로젝트가 약 300만 톤의 온실가스를 배출할 것으로 전망되는 가운데, 정부가 탄소중립 기본계획에서 산업 부문 감축 부담을 줄인 원인 중 하나로 주목받고 있습니다. 2050 탄소중립녹색성장위원회 녹색성장·국제협력 분과위원회 회의록을 보면 "산업 부문 감축목표 축소분(14.5%→5%)을 국제감축으로 일부 가능하다는 것에 대해 부정적"이라는 내용이 나옵니다. 산업부는 석유화학 설비가 늘어나면서 기존 목표를 지키기 어렵다고 밝혔습니다. 결국 처음에는 5%밖에 못 줄인다고 하던 산업 부문이 그나마 11.4%로 합의된 것입니다.

산업 부문 감축목표 축소에 대해서는 크게 세 가지를 살펴봐야 합니다. 첫째는 온실가스 감축 책임의 전가입니다. 석유화학 설비가 늘어나 목표를 지키기 어렵다며, 국제감축과 탄소포집활용저장 목표를 높이게 되면 그 비용을 누가 치르는가에 대한 문제가 발생합니다. 정부가 기업의 늘어난 배출량을 감안해 감축 총량을 줄여주면 산업계는 부담이 줄지만, 대신 정부가 국제감축량을 확보하는 데에는 세금을 써야 하기 때문입니다. 둘째는 산업계 부담을 다른 부문에 떠넘기면서 기업에 온실가스 감축이 긴급한 일이 아니라는 잘못된 신호를 주는 것입니다. 셋째는 산업 부문 감축률은 제4기 배출권거래제 허용 총량과 연동되는데, 감축 총량이 줄어들면 배출권거래제 정상화도 어려워지게 됩니다.

이처럼 산업 부문 감축 부담을 줄인 것과 관련해 따져볼 것이 많습니다. 더 큰 문제는 우리나라에서 온실가스 배출량이 가장 많은 산업 부문에 대해 800만 톤이 넘는 감축 부담을 줄여줬다면 그에 합당한 정보공개가 있어야 하는데, 공개된 것이 거의 없다는 점입니다. 현재로서는 14.5%에서 5%밖에 못 줄인다고 했다가, 그나마 11.4%로 감축률이 정해졌다는 것 외에 세부 내용을 알 수가 없습니다. 정부는 샤힌 프로젝트를 포함해 산업 부문의 배출 전망치와 세부 감축 대책, 감축량을 공개해야 합니다.

이에 더해 산업 부문의 감축 부담을 줄여주는 것이 경제에 도움이 되는지 고려해야 합니다. 세계 경제의 탈탄소화가 빠르게 진행되고 있습니다. 최근 삼척블루파워는 연 7% 회사채를 발행해 2,250억 원을 조달하려고 했으나, 80억을 모집하는 데 그쳤습니다. 금융권에서는 석탄발전이 반ESG 투자에 해당하기 때문입니다. 석탄발전이 좌초산업이 된 것은 국제사회의 탈탄소 규제 압박과 금융 부문에서 ESG 투자 활성화 등의 제도가 자리 잡았기 때문입니다.

마찬가지로 에스오일이 2026년 샤힌 프로젝트를 완공하면, 연간 최대 320만 톤의 석유화학 제품을 생산하게 됩니다. 최근 전기차가 늘어나면서 정유업계가 석유화학산업에 대거 투자했습니다. 지난해 현대오일뱅크와 GS칼텍스는 대규모 석유화학 설비를 이미 준공했습니다. 중국도 석유화학산업에 본격 투자하고 있습니다. 이렇게 한국과 중국이 석유화학 설비에 과잉 투자를 하게 되면, 결국 경쟁이 극대화되면서 수익성이 떨어질 수밖에 없습니다. 탈플라스틱 흐름과 재활용 관련 규제가 강해지면 전체 수요도 줄게 됩니다. 석탄발전처럼 석유화학산업이 빠르게 좌초자산이 되는 것입니다. 이처럼 단기간에 전환이 급격하게 진행될 때에는 정부의 산업 전환 정책이 중요합니다.

최근 EU, 미국, 일본 등 주요국들의 산업 정책에는 뚜렷한 특징이 있습니다. 산업전략의 핵심 목표가 탄소중립 달성입니다. 2030년 감축목표 달성을 위한 대규모 재정투입, 정부가 주도하는 녹색산업 전환 정책, 재생에너지 확대를 동시에 추진하고 있습니다. 정부가 경제나 산업지표로 '2030년 온실가스 감축목표'와 '전력 중 재생에너지 비중'을 핵심 지표로 삼고 관리하는 것입니다. 그러다 보니 정부 재정 지원과 투자도 재생에너지, 전기차, 배터리 등 녹색산업에 집중되어 있습니다.

미국은 2005년 대비 2030년까지 온실가스 50~52% 감축을 목표로 인플레이션 감축법을 통해 친환경 에너지에 600억 달러 세액공제를 하면서 녹색산업 분야를 집중 육성하고 있습니다. EU는 그린딜을 통해 2030년까지 1990년 대비 55%를 줄입니다. 최근 EU 집행위원회는 미국의 인플레이션 감축법에 대응해 '그린딜 산업계획'을 추진하는 데 필요한 '넷제로 산업법'과 '핵심원자재법'을 발의했습니다. 그린딜 산업계획은 청정기술 산업에 대한 규제 완화, 자금조달 원활화, 인적자원 개발, 교역 활성화로 이루어져 있습니다. 여기서 청정기술은 주로 풍력, 태양광, 그린수소, 배터리 등을 말합니다. 일본은 2030년까지 46% 감축목표 달성을 위해 1,000조 원 규모의 녹색전환(GX) 프로젝트를 추진합니다. 전력 중 재생에너지 비중은 2030년까지 미국 43%, EU 69%, 일본 36~38%입니다.

이런 상황에서 한국은 그린뉴딜 정책이 사라진 후 이렇다 하게 녹색산업 전환 정책이라고 할 만한 것이 없습니다. 산업계에는 온실가스 감축의 시급성에 대한 신호를 주기는커녕 부담을 줄여줬습니다.

재생에너지는 2030년 21.6%+α 수준입니다. 정부가 탄소중립 시대에 걸맞은 거시적인 변화를 추진할 비전과 정책 의지, 실행 수단을 갖추지 않고 있음을 알 수 있습니다.

물론 EU나 미국도 탄소중립으로 가는 길이 순탄치는 않습니다. 독일이 EU의 2035년 내연기관 신차 판매 금지에 문제제기를 하면서 난항을 겪기도 했습니다. 결국 2023년 3월 25일 독일의 요구를 반영해 합성연료(E-Fuel) 사용 내연기관차만 예외로 인정하기로 하고, 독일과 EU는 내연기관차의 단계적 퇴출 관련 법안에 합의했습니다. 유럽 각국의 에너지부 장관들이 내연기관차 관련 법 합의안에 서명하면서 유럽의 탄소중립 정책은 또 한 발 더 전진하는 셈입니다.

지난해부터 미국에서는 공화당을 중심으로 ESG를 무력화하려는 시도가 있었습니다. 그러나 최근 조 바이든 대통령은 퇴직연금 운용에 ESG(환경·사회·지배구조) 요소를 고려할 수 없도록 제한한 법안에 거부권을 행사했습니다. 바이든 대통령은 퇴직연금 수익을 높이기 위해서라도 재무적 요소와 함께 ESG 요소를 반영해야 한다는 입장입니다. EU와 미국이 이처럼 치열한 논쟁과 토론을 통해 탄소중립 관련 제도를 구축할 때마다 우리나라와의 기후위기 대응과 녹색산업 분야의 경쟁력 격차는 더 벌어지게 될 것입니다.

## 전환기에 낡은 정책 고집하는 윤석열 정부

지난 3월 15일, 산업통상자원부(장관 이창양)와 국토교통부(장관 원희

룡)는 제14차 비상경제민생회의에서 15개 국가 첨단산업단지 조성 방안을 발표했습니다. 경기도 용인에 300조 원 규모의 시스템 반도체 산업단지를 조성하고, 전국 14개 지역에 국가산업단지 후보지를 선정했습니다. 개발 기간은 2023~2030년으로, 국가중장기 온실가스 감축목표 연도인 2030년과 겹칩니다.

정부 발표안을 보면 개발제한구역 관련 규제를 적극 완화하고 전력, 용수 등 인프라 지원(올해 1000억 원)과 함께 7월부터는 인허가 타임아웃제를 도입한다고 밝히고 있습니다. 인허가 타임아웃제는 특별한 사유 없이 최대 60일 내 인허가를 처리하지 않을 시 인허가를 처리한 것으로 간주하는 것입니다.

현재 우리나라 국가산단은 47개인데, 앞으로 10년간 15개를 동시에 추진한다는 것이 가능한 일일까요? 현재 기존 산업단지도 분양이 안 되고 가동률이 낮은데, 신규 산단에 기업을 유치할 수 있을까요? 삼성이 투자하는 용인 반도체 공장의 전력을 공급하려면, RE100을 위한 재생에너지 설비도 문제지만, 수도권의 전력망이 감당하기 어려울 것입니다. 정부는 경상남도 창원에 원자력·방위 산업단지를, 경상북도 경주에 소형 모듈원전(SMR)을, 울진에 원자력 활용 수소 산업단지를 만들겠다고 합니다. 성장 가능성이 낮은 원전산업에 대거 투자하고, 아직 상용화되지 않은 소형 모듈원전을 중심으로 하는 국가산업단지를 만드는 것이 현실성이 있는지 되묻고 싶습니다.

전 세계가 기후위기 대응을 위한 탄소중립을 위해 경제사회 시스템을 바꾸고 있습니다. 주요국 정부는 국가 주도의 녹색산업 전환 전략을 펼치고 있습니다. 러시아의 우크라이나 침공 이후에는 시민들의 생활비용이 높아지는 것에 대한 대책도 동시에 수립하고 있습니다. 그 속에서 에너지 안보 확보를 위한 재생에너지의 위상은 점점 높아지고 있습니다. 영국 정부는 최근 기업에너지산업부를 분할해 '에너지 안보와 탄소중립부(Department for Energy Security & Net Zero)'를 신설했습니다. 영국 정부는 '에너지 안보와 탄소중립부'는 "장기 에너지 공급을 확보하고 청구서를 낮추고 인플레이션을 절반으로 줄이는" 임무를 맡았다고 밝혔습니다.

윤석열 대통령은 '대한민국 1호 영업사원'이 되겠다고 합니다. 환경부를 포함한 모든 정부 부처가 수출에 역점을 두다 보니, MZ 세대들은 들어본 적도 없는 '수출역군'이라는 표현이 다시 등장할 정도입니다. 수출역군이 되겠다는 사람들이 만든 '탄소중립 기본계획' 치고는, 현실감각이 너무 부족합니다. 탄소 배출을 중심으로 세계 경제의 질서가 재구성되는 '탄소통상 시대'에 대응하기 위해서라도 '탄소중립' 목표 달성을 최우선으로 정책을 수립해야 합니다.

이명박 정부의 '저탄소 녹색성장'을 주도했던 김상협 탄소중립 녹색성장위원회 민간 공동위원장은 우리나라 기후위기 대응의 중요한 책임을 맡아 두 번 다, 실패 중입니다. 이명박 정부에서는 석탄발전소를 대거 늘렸습니다. 윤석열 정부에서는 지금 당장 할 수 있는 에너지 효율 향상, 그린 리모델링, 교통수요 관리, 재생에너지 확대 같은 정책을 제쳐두고 원전, 국제감축, 탄소포집저장기술에 대한 의존도를 높였습니다. 온실가스 감축이 확실하고 상대적으로 비용이 저렴한 방식을 버리고, 불확실하고 비싸고 불명확한 것을 선택한 것입니다.

## 2023년 기후 전망, 무엇을 어떻게?
### - 배출권거래제, 지방정부 기후위기 대응, 아시아

정부의 탄소중립 기본계획이 마무리되면서 이제 '제4차 배출권거래제 기본계획'이 중요해질 전망입니다. 배출권거래제는 정부가 업체별로 온실가스 배출권을 사전 할당하고, 업체는 할당 범위 내에서 온실가스를 배출하도록 하되, 여유분이나 부족분을 다른 업체와 거래하도록 허용하는 제도입니다. 우리나라에서 2015년 도입된 이후 국가 온실가스 배출량의 70% 이상을 포괄하는 대표적인 온실가스 감축 제도입니다. 2023년은 그동안 온실가스 감축에 역할을 하지 못한 한국의 배출권거래제 개혁 방안이 본격 논의될 전망입니다. 핵심은 배출허용 총량 조정과 유상할당 비율을 높이는 것입니다. 그런데 이미 산업 부문의 감축률을 줄여준 상황이라 배출권거래제 개혁에 빨간불이 켜졌습니다.

지금까지 정부가 배출권거래제를 하면서 기업들은 감축은커녕 배출권을 팔아 수익을 올렸습니다. 기후환경단체 '플랜1.5'·우원식 의원실·한겨레가 분석한 자료에 따르면 산업 부문의 온실가스 배출량 할당량은 배출권거래제가 시작된 2015년 2억 9,100만 톤과 비교하면 2021년 3억 2,600만 톤으로 오히려 늘었습니다. 그러다 보니 기업은 무상으로 할당받은 배출권을 팔아 5,600억 원대의 수익을 올린 것으로 드러났습니다. 정부가 기업의 온실가스 배출허용 규제를 느슨하게 적용한 결과입니다. 배출권을 팔아 가장 많은 수익을 남긴 기업은 포스코입니다. '플랜 1.5'에 따르면 2015~2020년 포스코의 배출권 판매수익 추정치는 1,175억 원이고, 삼성디스플레이는 569억 원, 삼성전자는 237억 원의 이익을 챙긴 것으로 나타났습니다. 2023년 배출권거래제 개혁의 핵심은 배출허용 총량을 낮추고, 무상할당이 아니라 유상할당으로 전면 전환하는 것입니다. 녹색금융을 위한 중앙은행·감독기구 간 글로벌 협의체(NGFS)는 한국이 2050년 탄소중립을 달성하려면 2025년 배출권 가격이 적어도 톤당 87.4달러는 되어야 한다고 분석했습니다.

정부의 탄소중립 기본계획 수립이 완료되었으니 이제 지자체의 시간이 왔습니다. 광역지자체는 1년 이내에 지역별 중장기 감축목표와 부문별·연도별 이행대책을 담은 시·도 계획을 수립해야 합니다. 지난해 만들어진 17개 광역지자체의 탄소중립지원센터가 본격적인 업무를 개시하고, 기초지자체 차원에서는 법정조직인 탄소중립 지방정부 실천연대가 활동에 들어가게 됩니다. 현재 지자체 중에서 정부가 수립한 2050년 탄소중립 목표보다 5년 앞당겨서 2045년 탄소중립을 달성하겠다고 선언한 지자체는 인천, 광주, 충청남도입니다. 정부보다 야심 찬 목표를 수립할 수 있지만, 지자체가 배출하는 온실가스를 배출량 '0'에 가깝게 만들려면, 그에 따른 실행방안과 예산을 촘촘하게 마련해야 할 것으로 보입니다. 내 임기 동안의 책임이 아니라고 목표만 높게 잡아 생색낸다고 될 일이 아니기 때문입니다.

2023년 국제사회에서 기후위기 대응 논의는 아시아를 주목해야 할 것으로 보입니다. 기후위기 대응에 있어서 이제 미국-EU보다 아시아의 역할이 핵심이기 때문입니다. 2021년 이산화탄소 배출량 상위 20개국 중에서 9개 국가가 아시아 국가입니다. 이들 9개 국가가 전 세계 배출량의 50.32%, 절반가량을 배출하고 있습니다. 배출량 10위권 국가 중에는 미국, 러시아, 독일 빼고 7개국이 아시아 국가입니다. 문제는 배출량 1위 중국과 사우디아라비아의 탄소중립 연도가 2060년, 배출량 3위 인도의 탄소중립 연도가 2070년으로 당분간 이들 국가의 배출량이 지속해서 늘어날 수밖에 없다는 점입니다.

올해 국제사회 주요 회의가 아시아에서 열립니다. 주요 7개국(G7) 정상회의는 5월 19~21일 일본 히로시마에서, 주요 20개국(G20) 회의는 9월 인도 뉴델리에서 열립니다. 제28차 유엔기후변화협약 당사국총회는 아랍에미리트(UAE) 두바이에서 11월 6일부터 17일까지 개최될 예정입니다. G7 정상회의에서는 무엇보다 '안보' 이슈가 중요해질 전망입니다. 세계는 지금 격해지는 미국·중국 갈등과 러시아-우크라이나 전쟁, 공급망과 에너지 위기, 인플레이션으로 불확실성이 커지고 있습니다. 신냉전과 보호무역주의라는 용어가 등장하는 시점에서 국제 외교전도 치열합니다. 기시다 총리의 신년사 핵심은 안보와 '새로운 자본주의' 실현과 탈(脫)탄소 사회 실현을 위한 '녹색전환(GX)'입니다. 녹색전환(GX) 기본 방침은 일본 정부가 향후 10년 동안 탈탄소 사회 실현을 위해 마련한 중장기 전략으로, 향후

10년 동안 녹색산업과 에너지 전환에 총 150조 엔(약 1,500조 원)을 투자한다는 내용을 담고 있습니다. 주요 전략에는 '아시아제로 배출 공동체 개념을 포함한 국제 개발 전략:선진국과의 혁신 협력, 아시아제로 배출 공동체 개념 실현을 통한 협력 프레임워크 강화'가 있습니다.

인도에서 열리는 G20을 볼까요? 인도는 2070년 탄소중립을 목표로 하고 있습니다. 중국이 총배출량에 이어 누적배출량에서 개도국 입장을 대변하기 어려워지고 있는 가운데 인도의 목소리에 점점 힘이 실릴 것으로 보입니다. 미국이 외교·안보에서 인도양과 태평양을 연결하는 전략적 틀을 구축한 인도-태평양 전략에서도 인도는 핵심 지역입니다.

기후위기를 초래한 선진국의 누적배출량에 따른 손실과 피해 보상에 대한 논의가 계속되더라도 이들 주요 아시아 국가들의 배출량이 늘어나게 되면 전 세계 온실가스 배출량의 증가로 이어지게 됩니다. 아시아 지역의 공동 재생에너지연합이나 탈탄소에너지 전환 연대체를 구성하는 것이 시급한 이유입니다. 특히 이 지역의 군사적 긴장 완화를 위해서라도 재생에너지를 통한 상호 협력과 경제 전환 공동체를 만드는 구상이 유효하게 작동할 것입니다.

# 탄소중립·녹색성장 국가전략 및 제1차 국가 기본계획

## 요약

# 탄소중립·녹색성장 국가전략 및

# 제1차 국가 기본계획 요약

## (중장기 온실가스 감축목표 포함)

본 자료는 2050 탄소중립녹색성장위원회에서 4.10(월) 심의·의결한 자료이며,
향후 국무회의 심의를 통해 최종 확정될 예정입니다.

## 2023. 4.

# 관계부처 합동

# 목 차

# Ⅰ. 개요 및 수립경과

## 1. 개요

### 국가 전략

□ **(개요)** 정부는 국가비전*을 달성하기 위하여 국가 탄소중립 녹색성장 전략 수립(탄소중립기본법 제7조제2항)

> \* 국가비전 : 2050년까지 탄소중립을 목표로 하여 탄소중립 사회로 이행하고 환경과 경제의 조화로운 발전을 도모

○ 5년마다 기술적 여건과 전망, 사회적 여건 등을 고려하여 재검토

□ **(의의)** 국가비전을 달성하기 위한 장기 전략으로, 국가 온실가스 감축목표, 국가 탄소중립·녹색성장 기본계획 수립 시 고려

○ 환경·에너지·국토·해양 등 관련 정책계획 수립 시, 본 국가전략과 중장기감축목표, 국가기본계획과의 정합성을 고려

### 국가 기본계획

□ **(개요)** 정부는 국가비전 및 중장기감축목표 등을 달성하기 위하여 국가 탄소중립 녹색성장 기본계획 수립(탄소중립기본법 제10조제1항)

○ 20년을 계획기간('23~'42)으로 하여 5년마다 연동계획으로 수립·시행

□ **(의의)** 탄소중립·녹색성장의 최상위 계획으로서 정책의 비전 설정

○ 거시적 관점에서 국가 온실가스 감축 목표, 기후변화 적응 등 하위계획의 원칙과 방향을 제시하고 에너지 등 관련 계획과 정합성 제고

○ 탄소중립기본법 제8조제1항 및 동법 시행령 제3조제1항에 명시된 2030 온실가스 감축목표를 이행하기 위한 연도별·부문별 감축목표 포함

- 1 -

## 2. 수립경과

□ '22.8월, 연도별·부문별 감축목표 수립을 위한 범부처 기술작업반 구성·운영(10개 부문, 총 80회 회의 개최)

　* 감축·흡수를 포함하여 10개 부문별로 연구기관·전문가 등 참여

□ '22.10월, 「탄소중립기본법」에 따른 제2기 '2050 탄소중립·녹색성장 위원회' 출범

□ '22.10월, '탄소중립·녹색성장 추진전략' 수립

　* ① 책임있는 실천, ② 질서있는 전환, ③ 혁신주도 탄소중립·녹색성장을 3대 정책 방향으로 하여 4대 전략 · 12대 과제 마련

□ '22.11월~, NDC 이행로드맵 및 기본계획 수립을 위한 관계부처 협의체 회의

□ '22.11월~, 이해관계자 의견수렴 회의

　* 분야별 협·단체, 대·중소 기업 단체, 철강·석유화학 등 기업체, 지자체 등 총 20회

□ '23.2월~, 관계부처 협의체를 통한 국가 기본계획 정부안 초안 마련

　* 부문별·연도별 감축목표 및 감축 계획을 마련하고 이행방안 적절성 검토

□ '23.2월, 국가전략 및 기본계획 정부안에 대한 민간위원 검토

　* 탄녹위 4개 분과별로 진행(온실가스 감축 분과, 에너지·산업 전환 분과, 공정전환· 기후적응 분과, 녹색성장·국제협력 분과)

□ '23.3월, 대국민 공청회(온·오프라인 병행)를 통해 의견수렴

　※ 추후 탄녹위·국무회의 심의·의결 후 계획 확정(예정)

□ '23.3월~, 과학기술계, 노동계, 지역사회, 중소·중견기업, 청년·시민 단체 등 이해관계자 토론회·간담회 추가 진행

- 2 -

## Ⅱ. 기후변화 현황

## 1. 전 지구 기후변화 현황

□ **(기온)** 최근(2011~2020년) 전 지구 연평균 기온은 산업화 이전(1850~1900년)보다 **1.09℃** 상승(IPCC, 2021)

   ㅇ 최근 8년('15~'22년)이 관측 기록상(1850년~) 가장 따뜻한 8년(WMO, 2022)

□ **(이상기후)** 세계 각지에서 폭염·홍수 등으로 인한 인명·재산피해 발생

   ㅇ **(폭염)** '20.8월 북미대륙의 평균기온이 역대 1위(데스밸리 54.4℃), '22년 인도 중부의 4월 평균 최고기온이 37.78℃로 121년 만에 4월 최고기온 기록 경신

   ㅇ **(홍수)** '22.6월말 ~ 9월 파키스탄 홍수로 1,700여 명 사망

## 2. 우리나라 기후변화 현황

□ **(기온)** 최근 30년(1991~2020년) 연평균기온은 과거(1912~1940년)에 비해 **1.6℃** 상승하였고, 10년마다 0.2℃ 상승

   \* 그 외 최고기온 1.1℃ 상승, 최저기온 1.9℃ 상승, 열대야일수 8.4일 증가, 결빙일수 7.7일 감소

   ㅇ 여름 길이는 20일 증가, 겨울 길이는 22일 감소

   \* 최근 30년 여름은 118일(약 4개월)로 가장 긴 계절이며, 가을은 69일로 가장 짧음

□ **(이상기후)** 최근 폭염·호우 등으로 인해 기후위기에 대한 국민 체감 증가

   ㅇ **(호우·태풍)** '20년 최장기간 장마(중부 54일) 발생, '22년 초강력 태풍인 '힌남노'로 강수량 기록 경신(경주 212.3mm(1위 경신), 포항 342.4mm(2위 경신))

   ㅇ **(폭염)** 2016년 연 평균기온 1위(13.6℃), 2018년 여름철 극심한 폭염과 열대야 발생(여름철 평균기온 역대 1위, 전국평균 폭염일수 31.4일로 역대 1위)

- 3 -

# 3. 글로벌 대응 동향

☐ **(글로벌 동향)** '15년 파리협정 체결('16.11월 발효) 계기로 선진국·개도국 포함 모든 국가에 온실가스 감축 의무 부여 등 압박 증대

○ '23.1월 세계경제포럼(다보스포럼) '글로벌 위험 보고서 2023'에서 선정한 향후 10년간 가장 심각한 위험 10개 중 1~4위*가 기후·환경 관련 사항

　　* ①기후변화 완화 실패, ②기후적응 실패, ③자연재해·극단기상현상, ④생물다양성 손실 및 생태계 붕괴

☐ **(脫탄소 경제)** RE100 확대, ESG 경영 강화, 탄소국경조정제(CBAM) 도입 등 국제사회에서는 탈탄소 경제체계 구축을 위해 급속히 전환 중

○ **(RE100)** 애플 등 주요 글로벌기업에서 재생e 전력 사용을 협력업체까지 확대 요구하면서 자발적인 캠페인 → 무역장벽으로 역할 강화

　　* RE100 참여기업 : 전 세계 403개사, 우리나라는 29개사 참여 중('23.3월)

☐ **(新 전략 발표)** 기후대응·에너지전환을 위해 주요국의 수정전략 발표

○ **(美 IRA)** 물가안정·기후대응을 위해 청정에너지·조세 등 계획 수립('22.8월)

　　* 총 4,330억 달러 규모, 기후변화 대응 분야에만 3,690억 달러 지출

○ **(EU 그린딜 산업계획)** IRA에 대응하여 EU 탄소중립 산업 경쟁력 제고를 위한 △규제완화, △재정지원, △역량강화, △공급망 확보 등 계획* 발표('23.2월)

　　* 탄소중립산업법 제정, 재생e 보조금 지급절차 간소화, 탈탄소 산업공정 촉진 보조금 상한액 상향 등

### 〈 주요국 동향 〉

| | |
|---|---|
| EU | ○ (감축목표) '50년까지 탄소중립, '30년까지 '90년 대비 55% 감축<br>○ (탄소국경조정제도) 철강 등 6개 품목에 대해 탄소배출에 대한 규제('26~)<br>○ (RePowerEU) △에너지 소비절감, △공급망 다변화, △재생e 보급 확대 등 발표('22.5월) |
| 미국 | ○ (감축목표) '50년까지 탄소중립, '30년까지 '05년 대비 50~52% 감축<br>○ (인플레이션감축법) 기후변화 대응에 3,690억$ 투자 추진('22~) |
| 영국 | ○ (감축목표) '50년까지 탄소중립, 30년까지 '90년 대비 최소 68% 감축<br>○ (원전확대) 에너지안보를 위하여 '50년까지 최대 8기 추가 건설 계획 발표('22) |
| 일본 | ○ (감축목표) '50년까지 탄소중립, 30년까지 '13년 대비 46% 감축 |

◆ **기후·에너지 위기에 대한 국제 동향에 적기에 종합 대응하기 위하여**
국가 전체가 신속하게 기후 친화적으로 사회·경제 패러다임 전환 필요

- 4 -

# Ⅲ. 그간 정책에 대한 평가

## 1. 그간의 기후변화 · 녹색성장 정책

□ **(태동기)** 기후변화대응··녹색성장 정책의 **태동 단계**('09~'14)

  ㅇ **녹색성장 국가전략·기본계획 수립**('09) **및「저탄소 녹색성장 기본법」제정**('10)

    \* 국가의 저탄소 녹색성장을 위한 장기(~'50) 및 단기(5개년, ~'13) 전략 수립

  ㅇ **2020 국가 온실가스 감축목표\* 수립**('14)   \* '20년 BAU 대비 30% 감축

□ **(확대기)** 기후대응 정책의 **확대 단계**('15~'19)

  ㅇ **2030 국가 온실가스 감축목표\***('15) **및 로드맵 수립**('16)

    \* '30년 BAU 대비 37% 감축

  ㅇ **제1차 기후변화대응 기본계획\* 수립**('16)

    \* 기후변화 전망, 감축·적응 대책 등 포함하는 20년간의 계획

  ㅇ **2030 로드맵 수정\***('18) **및 제2차 기후변화대응 기본계획 수립**('19)

    \* 국가 감축목표 BAU 대비 37% 중 국내 감축 확대 (25.7%p → 32.5%p)

□ **(도약기)** 탄소중립의 대두와 **제도적 기반** 마련('20~)

  ㅇ **2050 탄소중립 선언**('20)

  ㅇ **2050 탄소중립위원회 구성**('21) **→ 탄소중립녹색성장위원회로 개편**('22)

    \* (근거)「2050 탄소중립위원회의 설치 및 운영에 관한 규정」(대통령령) →「기후위기
    대응을 위한 탄소중립·녹색성장 기본법」('22.3월 시행)

  ㅇ **「기후위기 대응을 위한 탄소중립·녹색성장 기본법」제정**('21)

    \* 세계 14번째로 2050 탄소중립 비전을 법제화, 2030 NDC 목표 명시

  ㅇ **2050 탄소중립 시나리오 마련 및 2030 국가 온실가스 감축목표 상향**('21)

    \* '50년까지 순배출량 0 달성, '30년까지 '18년 총배출량 대비 40% 감축

## 2. 그간의 정책 평가

☐ **(성과)** 2050 탄소중립 선언 및 2030 국가 온실가스 감축목표를 상향하고, 탄소중립기본법을 제정하여 제도적 이행기반 마련

○ 탄소중립 법제화와 기후 대응의 외연을 확장하기 위한 각종 제도*를 신설하여 장기적 관점에서 탄소중립·녹색성장 이행기반 구축

  \* 탄녹위 설치, 기후대응기금 조성, 온실가스감축인지예산제 등

☐ **(보완사항)** 목표 수립은 지속적으로 이루어졌으나, 체계적 이행의 부족으로 '18년까지 배출량 증가 및 국제사회의 지적 계속

○ 실행방안의 구체성 및 이행관리, 민간, 지자체 등 사회구성원의 참여 유도, 현실 여건을 고려한 에너지믹스 등의 관점에서 미흡했다는 평가

⇒ 기존 성과를 바탕으로, 미비한 점은 보완하여 탄소중립·녹색성장 달성

## 3. 시사점 및 정책방향

❶ 실질적 이행을 위해 부문별로 구체적이고 효율적인 정책수단 설계 필요
❷ 민간·지자체 등 사회 전체의 협력을 유도하는 거버넌스 체계 마련 필요
❸ 기술·산업 혁신을 통한 능동적인 탄소중립·녹색성장 추진 필요
❹ 상시 이행관리·범부처 통합 지원체계 구축으로 투명하고 체계적인 이행관리 필요

【 탄소중립·녹색성장 정책방향 】

| 기존에는 (AS-IS) | 앞으로 (TO-BE) |
|---|---|
| 실행방안 미흡 | 실행방안 구체화 |
| 원전 등 무탄소 전원 활용 미흡 | 균형잡힌 에너지 믹스 (원전+재생e) |
| 정부 주도 | 정부+지역·민간 주도 |
| 수동적 대응 | 혁신 주도의 능동적 대응 |
| 부처별 산발적 지원 | 범부처 통합 지원 |
| 이행점검 체계 미흡 | 투명하고 체계적인 이행관리 |

- 6 -

# Ⅳ. 국가 탄소중립 녹색성장 전략

## 1. 전략 체계도

| 국가비전 | **2050년까지 탄소중립을 목표로 하여 탄소중립 사회로 이행하고, 환경과 경제의 조화로운 발전을 도모** |

| 전략목표 | **" 탄소중립·녹색성장, 글로벌 중추국가로의 도약 "** |

| 3大 정책방향 |

| **책임있는 실천** | **질서있는 전환** | **혁신주도 탄소중립·녹색성장** |
|---|---|---|
| 과학과 합리에 바탕을 둔 의사결정과 정책 추진 | 법과 절차의 준수, 초당적 협력과 사회적 합의 중시 | 혁신에 기반한 온실가스 감축 및 경제·사회 구조 전환 |

**4대 전략 12대 과제**

구체적·효율적 방식으로 온실가스를 감축하는
**책임감 있는 탄소중립**

① 원전·신재생e 등 무탄소 전원을 최대한 활용하여 온실가스 감축
② 저탄소 산업구조 및 순환경제로의 전환
③ 국토의 저탄소화를 통한 탄소중립 사회로의 전환

민간이 이끌어가는
**혁신적인 탄소중립 · 녹색성장**

④ 과학기술 혁신과 규제개선을 통한 탄소중립·녹색성장 가속화
⑤ 핵심산업 육성을 통한 세계시장 선도 및 新시장 창출
⑥ 탄소중립 친화적인 재정·금융 프로그램 구축·운영 및 투자 확대

모든 사회구성원의 공감과 협력을 통해
**함께하는 탄소중립**

⑦ 에너지 소비절감과 탄소중립 국민실천
⑧ 지방이 중심이 되는 탄소중립·녹색성장
⑨ 근로자 고용안정과 기업 혁신·성장을 위한 산업·일자리 전환 지원

기후위기 적응과 국제사회를 주도하는
**능동적인 탄소중립**

⑩ 적응주체 모두가 함께 협력하는 기후위기 적응 기반 구축
⑪ 국제사회 탄소중립 이행 선도
⑫ 모든 과제의 전 과정 상시 이행관리 및 환류체계 구축

| 이행기반 | · 국가 탄소중립·녹색성장 기본계획 수립 (5년마다)<br>· 탄녹위+중앙부처+지자체의 상설협의체 운영 및 체계적 이행점검 (매년) |

- 7 -

## 2. 국가 탄소중립 녹색성장 전략 추진과제

### ① 구체적·효율적 방식으로 온실가스를 감축하는 **책임감 있는 탄소중립**

❶ **(원전 + 재생e 조화)** 원전 확대 및 재생e와의 조화로운 활용, 석탄발전 감축 및 무탄소 新전원 도입, 미래형 전력망 구축 등 전원믹스 합리화

* 원전 : 신한울 3·4호기 건설재개, 운영허가 만료 원전(~'30년 10기)의 계속 운전
석탄발전 : '30년까지 노후 석탄발전기 20기 폐지(現 석탄발전 58기 운영 중)

❷ **(산업구조 전환)** 세액공제·금융 등 총력지원을 통해 공정전환 및 순환경제 활성화로 ①연·원료→②공정→③제품→④재활용 전과정에서 탄소중립 실현

* 녹색정책금융 활성화(이차보전, 산은·신한, '22~), 탄소중립 전환 선도프로젝트 융자 등

❸ **(국토의 저탄소화)** 건물 에너지 자립 강화, 무공해 모빌리티 확산, 환경 친화적 농축수산 전환, 산림·습지의 탄소흡수원 확충

* 제로에너지 건물 의무화(1천m² 이상('25) → 5백m²('30)), 그린리모델링 의무화 추진('25~)
** 수소·전기차 보급률 : ('22) 1.7%(43만대) → ('30) 16.7%(450만대) → ('50) 85%~97%

### ② 민간이 이끌어가는 **혁신적인 탄소중립·녹색성장**

❶ **(기술혁신·규제개선)** 기후기술 기획부터 상용화까지 전과정 관리, 전문인력 양성, 불합리한 규제개선 등으로 탄소중립 가속화

* 한국형 100대 핵심기술 도출 → 분야별 R&D 로드맵 수립

❷ **(핵심산업 육성)** 원전 생태계 복원 및 수출 산업화, 무공해차·재생e·수소 산업·CCUS 육성 등 미래시장 선도

* 원전수출전략 추진위원회를 통한 수주 지원 및 대상국별 맞춤형 수주전략 추진
** 전기차 : (1회 충전 주행거리) 現 500km → ('25) 600km, (충전속도) 現 18분 → ('30) 5분
수소상용차 : (내구성) 現 30만km → ('30) 80만km, (연비) 現 13km/kg → ('30) 17km/kg
*** CCUS 전담법 제정 추진 및 동해 가스전 활용 CCS 실증 인프라 구축

❸ **(재정지원·투자확대)** 기후대응기금 등 재정지원 및 K-택소노미에 따른 민간 투자 활성화, 배출권거래제 고도화 등으로 탄소중립 정책 뒷받침

* 유상할당·배출효율기준 할당 확대 등 ETS 개선, 배출권 위탁매매 도입 등 시장 활성화

- 8 -

## ③ 모든 사회구성원의 공감과 협력을 통해 **함께하는 탄소중립**

❶ **(에너지소비절감)** 에너지 수요효율화 및 제도 개혁, 에너지 절약을 추진하고, 국민 인식 제고 및 소통 확대 등으로 탄소중립 실현

* △산업 : 多소비 기업 자발적 효율혁신 협약 추진, 대기전력자감효율등급제 등 효율관리제도 효과 제고
△가정·건물 : 에너지캐쉬백 가입 촉진, △수송 : 전비 등급제·중대형 화물차 연비제도 도입

❷ **(지방 중심)** 지역 맞춤형 탄소중립·녹색성장 전략을 수립하고, 지역 단위 탄소중립 추진체계 구축으로 탄소중립·녹색성장 정책 수립·추진 내실화

* 지역 맞춤형 : 대도시 집중형(서울, 대전), 산업·발전 특화형(충남, 전남), 복합형(경기, 부산)

** 탄소중립·녹색성장 조례 제정, 지방위원회 구성, 탄소중립 지원센터 설립 등 이행체계 구축

❸ **(산업·일자리 전환)** 입·이직 분석 등을 활용한 위기업종 발굴·진단 및 직무훈련 제공, 기후창업 등 근로자·기업·지역의 원활한 전환을 지원

* 산업전환에 대응한 훈련과정 공급, 공동훈련센터 구축 등 훈련 인프라 확대

** '30년까지 내연기관 부품기업 중 1,200개社를 미래차 부품기업으로 전환 목표

## ④ 기후위기 적응과 국제사회를 주도하는 **능동적인 탄소중립**

❶ **(기후적응기반 구축)** 적용주체별 협력 및 기후위험 예측력을 강화하고, 재난대응 인프라 확대와 기술개발 등 사회 전반의 적응능력 제고

* 정부-산업계 거버넌스 구축 및 관계부처 적응협의체 운영, 취약계층 지원 강화

** AI 홍수경보, 산불·산사태 조기경보 등 기후위기 감시 인프라 확대

*** 대심도 빗물터널 추가설치, 수원·대체수자원 확보, 이상기온 대응 품종 개발

❷ **(국제사회 선도)** 미국, EU 등 주요국과의 기후대응 연대를 강화하고, 그린 ODA 및 국제감축사업 등으로 글로벌 탄소중립 실현

* '25년까지 그린 ODA 사업 비중을 OECD 수준으로 확대

❸ **(이행관리)** 과제별 정량지표 선정 등 객관적인 성과관리시스템을 마련하고, 상시 이행관리 및 범부처 협력체계를 구축하여 철저히 실천

## Ⅴ. 중장기 감축 목표

### □ 국가 감축목표

o '30년 배출량 목표는 **436.6백만톤**('18년 대비 40% 감축)으로 유지하여 지난 '21년 국제사회에 약속한 NDC 상향안`의 감축목표 준수

  * '18년 대비 26.3% → 40% 감축 ('21.10 국무회의 심의 → '21.12 UN 제출)

o 다만, 감축수단별 이행 가능성 등을 고려하여 부문간·부문내 일부 조정

 - 산업부문은 원료수급 곤란 및 기술전망 등을 고려하여 일부 완화

 - 부족한 감축량(800만톤)은 ①전환 부문(태양광·수소 등 청정에너지)과 ②국제 감축 부문을 각 400만톤씩 확대하여 국가목표 달성

### □ 부문별 감축목표

(단위: 백만톤CO₂e, 괄호는 '18년 대비 감축률)

| 구분 | 부문 | 2018년 배출량 | 2030 목표 | |
|---|---|---|---|---|
| | | | 기존 NDC ('21.10) | 수정 NDC ('23.3) |
| 배출량 합계 | | 727.6 | 436.6 (40.0%) | 436.6 (40.0%) |
| 배출 | 전 환 | 269.6 | 149.9 (44.4%) | 145.9 (45.9%)[1] |
| | 산 업 | 260.5 | 222.6 (14.5%) | 230.7 (11.4%) |
| | 건 물 | 52.1 | 35.0 (32.8%) | 35.0 (32.8%) |
| | 수 송 | 98.1 | 61.0 (37.8%) | 61.0 (37.8%) |
| | 농축수산 | 24.7 | 18.0 (27.1%) | 18.0 (27.1%) |
| | 폐기물 | 17.1 | 9.1 (46.8%) | 9.1 (46.8%) |
| | 수 소 | (-) | 7.6 | 8.4[2] |
| | 탈루 등 | 5.6 | 3.9 | 3.9 |
| 흡수 · 제거 | 흡수원 | (-41.3) | -26.7 | -26.7 |
| | CCUS | (-) | -10.3 | -11.2[3] |
| | 국제감축 | (-) | -33.5 | -37.5[4] |

※ 기준연도('18) 배출량은 총배출량 / '30년 배출량은 순배출량 (총배출량 − 흡수·제거량)

1) 태양광, 수소 등 청정에너지 확대로 400만톤 추가 감축
2) 수소수요 최신화(블루수소 +10.5만톤), 블루수소 관련 탄소포집량은 CCUS 부문에 반영(0.8백만톤)
3) 국내 CCS 잠재량 반영(0.8백만톤), CCU 실증경과 등을 고려한 확대(0.1백만톤)
4) 민관협력 사업 발굴 및 투자 확대 등을 통해 국제감축량 400만톤 확대

- 10 -

## □ 부문별 · 연도별 감축목표

(단위: 백만톤CO₂e)

| 부문 | 2018 (기준연도) | 2023 | 2024 | 2025 | 2026 | 2027 | 2028 | 2029 | 2030 |
|---|---|---|---|---|---|---|---|---|---|
| 합계 | 686.3* | 633.9 | 625.1 | 617.6 | 602.9 | 585.0 | 560.6 | 529.5 | 436.6** |
| 전환 | 269.6 | 223.2 | 218.4 | 215.8 | 211.8 | 203.6 | 189.9 | 173.7 | 145.9 |
| 산업 | 260.5 | 256.4 | 256.1 | 254.8 | 252.9 | 250.0 | 247.3 | 242.1 | 230.7 |
| 건물 | 52.1 | 47.6 | 47.0 | 46.0 | 44.5 | 42.5 | 40.2 | 37.5 | 35.0 |
| 수송 | 98.1 | 93.7 | 88.7 | 84.1 | 79.6 | 74.8 | 70.3 | 66.1 | 61.0 |
| 농축수산 | 24.7 | 22.9 | 22.4 | 21.9 | 21.2 | 20.4 | 19.7 | 18.8 | 18.0 |
| 폐기물 | 17.1 | 15.1 | 14.7 | 14.1 | 13.3 | 12.5 | 11.4 | 10.3 | 9.1 |
| 수소 | (-) | 3.4 | 4.1 | 4.8 | 5.5 | 6.2 | 6.9 | 7.6 | 8.4 |
| 탈루 등 | 5.6 | 5.1 | 5.0 | 5.0 | 4.9 | 4.8 | 4.5 | 4.2 | 3.9 |
| 흡수원 | -41.3 | -33.5 | -31.3 | -28.9 | -30.4 | -29.1 | -28.3 | -27.6 | -26.7 |
| CCUS | (-) | - | - | - | -0.4 | -0.7 | -1.3 | -3.2 | -11.2 |

\* 국제사회에 제출된 '18년 총 배출량은 727.6백만톤이나 순배출량 기준으로는 686.3백만톤이며, 모든 연도별 합계는 순배출량 기준(부문별 소수점 첫째자리 아래 절삭)

\*\* 국제감축은 관련 국제기준 확정, 최초 활용시기('26년 예상) 등을 고려하여 연도별 목표를 설정할 예정으로 '30년 목표에만 반영

# VI. 국가 탄소중립 · 녹색성장 기본계획

## 1. 국가 기본계획 체계도

| | |
|---|---|
| **국가비전** | **2050년까지 탄소중립을 목표로 하여 탄소중립 사회로 이행하고, 환경과 경제의 조화로운 발전을 도모** |

**국가전략**

| 구체적·효율적 방식으로 온실가스를 감축하는 **책임감 있는 탄소중립** | 민간이 이끌어가는 **혁신적인 탄소중립·녹색성장** |
|---|---|
| 모든 사회구성원의 공감과 협력을 통해 **함께하는 탄소중립** | 기후위기 적응과 국제사회를 주도하는 **능동적인 탄소중립** |

**중장기 감축목표**

**2030년까지 "온실가스 40% 감축" 달성**

2018  727.6백만톤 ➡ 2030  436.6백만톤

**부문별 감축정책**

| 전 환 | 산 업 | 건 물 | 수 송 | 농축수산 |
|---|---|---|---|---|
| ·석탄발전 감축<br>·원전+재생e↑<br>·수요 효율화 | ·핵심기술 확보<br>·기업지원<br>·배출권 고도화 | ·제로에너지<br>건축물 확대<br>·그린리모델링 | ·무공해차 보급<br>·철도·항공·해운<br>저탄소화 | ·저탄소 농업구조<br>전환<br>·어선 및 시설<br>저탄소화 |

| 폐기물 | 수 소 | 흡수원 | CCUS | 국제감축 |
|---|---|---|---|---|
| ·지속가능한<br>생산·소비체계<br>·자원 순환 이용<br>확대 | ·청정수소 공급확대<br>·수소활용<br>생태계 강화 | ·산림순환경영<br>·내륙·연안습지<br>복원 및 보호 | ·법령, 저장소 등<br>인프라 마련<br>·기술확보상용화<br>R&D | ·민관합동지원 플랫폼<br>·부문별 사업 발굴<br>및 이행 |

**이행기반 강화정책**

| 기후위기 적응 | 녹색성장 | 정의로운 전환 |
|---|---|---|
| ·기후감시·정보제공<br>·극한기후 대응<br>·취약계층 지원 | ·녹색기술 육성<br>·녹색산업 성장<br>·녹색 재정·금융 확대 | ·정의로운 전환 특별지구 지정<br>·탄소중립 전환 영향 집단 지원 |

| 지역주도 | 인력양성·인식제고 | 국제협력 |
|---|---|---|
| ·지자체 탄소중립 기반 구축<br>·지역 기후대응 역량 강화<br>·중앙-지역 상호 협력 활성화 | ·저탄소·미래분야 인력 양성<br>·탄소중립·녹색생활 교육<br>·범국민 실천운동 확산 | ·기후대응 국제입지 강화<br>·그린 ODA 확대 |

**범정부 상설 협의체 + 이행점검·평가체계 운영**

- 12 -

## 2. 부문별 중장기 감축 대책

### 1) 전환 부문 (18년) 269.6 → (30년) 145.9백만톤 (△45.9%)

□ (추진방향) 원전·재생e 보급 가속화 및 시장기반 수요효율화

□ 추진과제

○ **(에너지 전환)** 화석연료를 감축하고 원전·재생e로 에너지 전환

  - **화석연료** : 가동년수 30년 이상 석탄발전을 폐지('36년까지 28기)하고, 친환경 기술개발을 전제로 수소·암모니아 혼소 발전 추진

  - **원전** : 신한울 3·4호기를 조속히 건설*하고, 기존 원전은 안전성 확보를 전제로 경제성·에너지 안보 등을 감안하여 계속 운전

    * ('23) 전원개발실시계획 승인 및 부지정지 공사 → ('24) 건설허가 및 본관 기초굴착

  - **신재생e** : 해상풍력 확대를 통한 에너지원별 균형 보급 추진*

    * 신재생에너지 발전 비중 ('22) 9.2% → ('30) 21.6%+α
      태양광-풍력 비율 ('21) 87:13 → ('30) 60:40

  - **청정e 추가 확대** : 전환부문에서 추가 감축되는 400만톤은 태양광·수소 등 청정e를 확대해 온실가스 감축을 추진하고, 차기 전력수급 기본계획 수립 시 국내 여건을 감안해 세부내용 조정·반영

○ **(재생e 기반 강화)** 전력계통망과 에너지 저장체계를 확충*하고, 재생e에 대한 주민수용성 강화** 및 기업의 RE100 이행 지원체계 구축***

    * 예비력 확보가 긴요한 지역 內 변전소, 재생에너지 집중지역 등에 설치
    ** 인접주민·농어업인 수익 우대, 투자한도 세대당 기준 강화 등 주민참여사업 개편
    *** RE100 기업 Alliance를 구축하고 금리·보험 우대, 발전사업 융자 등 지원

○ **(수요효율화)** 산업·건물·수송 등 수요효율화 혁신*을 추진하고, 시장 원리에 기반한 합리적 에너지요금 체계** 구축

    * 대형건물의 목표 에너지원단위 관리 제도화, 전기차 에너지 효율 등급제 도입, ICT를 활용한 지능형 전력계량시스템(AMI) 및 에너지관리시스템(EMS) 보급 확대 등
    ** 총괄원가 보상원칙 및 원가연계형 요금제 등 전기요금의 원가주의 원칙 확립

- 13 -

## 2) 산업 부문 ('18년) 260.5 → ('30년) **230.7백만톤** (△11.4%)

□ **(추진방향) 탄소중립을 기회로, 산업의 미래 경쟁력 확보**

□ 추진과제

○ **(기술확보)** 한계돌파형 기술의 신속한 상용화를 위한 지원체계를 구축*하고, 해외기술 모니터링 등을 통해 유연하게 신기술 확보

  \* 기술혁신펀드 조성(~'24년, 1조원), 탄소중립기술 가치평가체계 및 거래 플랫폼 확충 등

○ **(투자지원)** 탄소차액계약제도(CCfD)* 도입 등 탄소저감 보조·융자** 확대

  \* 기업이 저탄소 기술을 도입할 경우 정부가 일정기간 고정된 탄소가격을 보장하여 감축투자 유도

  ** 대규모 선도 프로젝트에 특별융자사업 지원('23년 1,470억원), 위험대응 정책금융 강화 등

○ **(배출권)** 할당방식 개선*을 통해 기업의 감축활동을 유도하고, 제도 이행 유연성** 및 감축설비지원 확대로 기업 부담 완화

  \* 유상할당 비율상향 및 대상확대, 배출효율기준 할당방식 확대(전체 배출량 75% 이상, '26~)

  ** 국가 감축목표 달성이 가능한 범위에서 적정 수준의 배출권 이월·상쇄 한도 조정 검토

○ **(거버넌스)** 정부-산업계 소통 강화를 위한 협의체 확대 운영*

  \* 산업전환 상생 협의체, 배출권거래제 선진화 협의체 등을 통해 정책에 기업 의견을 적극 반영

## 3) 건물 부문 ('18년) 52.1 → ('30년) **35.0백만톤** (△32.8%)

□ **(추진방향) 건축물 성능개선 및 기준강화를 통한 에너지효율 향상**

□ 추진과제

○ **(건물)** <sup>신축</sup>제로에너지건축물(ZEB) 확대* 및 사후관리 추진, <sup>기축</sup>그린리모델링 확산**

  \* 신규 공공건축물 ZEB인증 의무화 대상 확대, 민간건축물 설계기준 ZEB 수준으로 상향

  ** 건축물 에너지 총량제와 연계하여 노후건축물 그린리모델링 로드맵 마련('24)

○ **(에너지 효율 향상)** 건물 효율 평가관리*와 건물 성능정보 공개를 확대하여 효율 개선을 유도하고, 공공부문의 선도적 감축 강화**

  \* 대형 건물에 효율목표 부여와 에너지소비량 평가 제도를 도입하고 미달성시 개선명령·과태료 부과

  ** 정부부문(중앙·지자체) 탄소중립 로드맵 수립('23)

○ **(국토공간)** 국토·도시계획상 탄소중립 가치*의 이행관리를 강화하고, 계획·개발 사업을 대상으로 기후변화영향평가를 단계적으로 확대**

  \* 공간구조 개편, 녹색교통, 녹색건축물, 탄소흡수원 확충, 신재생에너지 확대 등

  ** ('22) 에너지 개발, 산단 조성, 도시개발 등 7개분야 → ('23) 도로, 공항, 폐기물처리시설

- 14 -

## 4) 수송 부문 <sub></sub> ('18년) 98.1 → ('30년) **61.0백만톤** (△37.8%)

□ (추진방향) 육상·해양·항공 등 모빌리티 전반의 탄소중립화

□ 추진과제

○ **(무공해차 전환)** 전기·수소차 보급 확산* 및 충전인프라를 확충**하고, 경량소재, 저탄소 연료 기술 개발과 함께 노후경유차 조기폐차 지원 대상 확대***

    * '30년까지 전기·수소차 450만대 보급을 위한 구매촉진, 공공부문 의무구매 등

    ** '30년까지 전기차 충전소 123만기 이상, 수소충전소 660기 이상 구축

    *** (기존) 5등급 경유차, 도로용 3종 건설기계 → (확대) 4등급 경유차, 지게차, 굴착기까지

○ **(내연차 관리)** 전주기평가를 기반으로 온실가스·연비기준을 상향하고, 대중교통·자전거 등 활성화*를 통해 내연차 수요 관리 강화

    * 대중교통 인센티브(환승할인, 요금제 등) 다양화, 개인형이동수단(PM)·자전거의 접근성 강화

○ **(철도·항공·해운)** 친환경 철도교통 강화*, 친환경연료 확대, 저탄소 선박기술 고도화 등 모든 운송수단의 저탄소화 추진

    * 선로 전철화 확대, 전 디젤여객열차 전기열차로 교체('29), 수소열차 개발·실증

## 5) 농축수산 부문 <sub></sub> ('18년) 24.7 → ('30년) **18.0백만톤** (△27.1%)

□ (추진방향) 저탄소 구조전환을 통한 지속가능한 농축수산업 실현

□ 추진과제

○ **(농업)** 디지털 기술을 활용한 스마트농업을 확산시키고, 논물관리·질소질비료 감축 등 저탄소 농업기술 적극 보급*

    * 스마트온실 보급(~'27년 1만ha), 질소질비료 저감('17년 149 → '30년 115kg/ha)

○ **(축산업)** 저메탄·저단백 사료 개발·보급으로 축사 온실가스를 저감하고, ICT 기반 과학적 관리를 통해 사료 절감 등 사육구조 개선*

    * 저메탄사료 보급(~'30년 30%), 스마트축사 보급(~'27년, 11,000호)

○ **(수산업)** LPG, 하이브리드 등 저탄소·무탄소 어선을 개발·보급하고, 양식장 배출수를 활용한 소수력 발전, 양식·수산가공시설에 지능형 에너지 관리 확대*

    * LPG·하이브리드 어선 기술 확보('25), 히트펌프·인버터 등 에너지 저감설비 보급 등

## 6) 폐기물 부문 ('18년) 17.1 → (30년) 9.1백만톤 (△46.8%)

☐ (추진방향) 사회·경제 전 부문에서의 자원순환 고리 완성

☐ 추진과제

○ **(폐기물 감량)** 폐기물 다량 배출사업장 감량 설비 지원, 일회용품 감량 및 대체 신산업 육성 등으로 생산·소비과정의 폐기물 원천 감량

○ **(폐자원 공급)** 공공책임수거를 도입하는 등 수거체계를 개선하고, 선별시설을 현대화*하여 유용폐자원의 안정적 공급체계 마련
   * 공공선별장(187개) 선별시설 현대화(手 선별 → AI 및 광학선별) : ('22) 22% → ('23) 27%, 효율이 낮은 노후 선별장은 폐쇄 후 신규시설로 교체('25년까지 65개소)

○ **(재활용 확대)** 플라스틱 재생원료 의무사용 목표 전과정 확대, 유기성폐자원 바이오가스화*, 태양광 폐패널 및 전기차 폐배터리** 등 고부가가치 재활용 확대
   * 바이오가스화 생산시설 확대('21년 110개소→'30년 140개소)
   ** 태양광 폐패널 생산자 책임재활용제도 시행, 전기차 배터리 전주기 이력관리 등

## 7) 수소 부문 ('18년) (-) → (30년) 8.4백만톤 배출

☐ (추진방향) 수소경제 전주기 생태계 구축으로 청정수소 선도국가 도약

☐ 추진과제

○ **(생산·활용)** 그린수소 생산기반을 구축하고, 수소발전*·모빌리티** 등 활용 확대
   * 청정수소 발전비중 ('22) 0% → ('30) 2.1% → ('36) 7.1%   ** 수소 선박·트램·드론 등

○ **(인프라)** 수소 활용을 위한 배관망을 구축하고, 시범항만 조성(2개소, '28)

○ **(생태계)** 수소분야 안전기준을 마련하고, 수소 클러스터*·수소도시** 등 지역별 생태계 확대
   * 재생에너지 활용 수소생산(전북), 수소액화 플랜트(강원), 연료전지 발전(경북), 수소 모빌리티(울산) 기반 클러스터 조성
   ** 수소도시(평택, 남양주, 당진, 보령, 광양, 포항) 조성('23~) 및 단계적 확대

- 16 -

## 8) 흡수원 부문 <sub></sub> ('30년) **-26.7백만톤 흡수**

□ (추진방향) **흡수원의 양적·질적 확대를 통한 탄소 흡수량 증대**

□ 추진과제

○ **(산림)** 산림순환경영·목재 이용을 확대하여 흡수·저장 기능을 증진*하고, 핵심 산림생태축 복원 및 보호지역 확대, 산림재해 최소화로 흡수원 보전
   * 숲가꾸기('21년 217천ha → '50년 480천ha), 국산목재생산('20년 440만㎥ → '50년 800만㎥)

○ **(해양)** 연안습지 복원·보호*, 바다숲 조성 등 해양 흡수원 확대
   * 갯벌 복원 : ('22) 1.5㎢ → ('50) 30㎢

○ **(신규 흡수원)** 도시숲, 내륙 습지 및 유휴토지 조림 등 신규 흡수원 확충*
   * '50년까지 도시숲 1.7만ha, 수변구역 등 생태흡수원 1.16만ha 조성

## 9) CCUS 부문 ('30년) **-11.2백만톤 흡수·처리**

□ (추진방향) **CCUS 인프라와 기술 혁신을 통한 미래 신산업 창출**

□ 추진과제

○ **(제도)** CCUS법 제정*, CCUS 총괄협의체 활성화 등 제도적 기반 마련
   * $CO_2$ 포집·저장·활용의 정의와 산업육성, 안전규정, 인증기준 등

○ **(기술개발)** CCUS 기술개발* 및 실증사업 확대로 중점기술 확보
   * 동해가스전 활용 CCS 실증, 실증·사업화 플랫폼 구축('26) 등

○ **(인프라)** CCUS 실증을 위한 클러스터를 구축하고, 국내·외 저장소 개발*
   * (국내) 유망구조 도출 및 저장 규모 확인, (해외) 호주·말레이시아 등 협력을 통한 저장소 개발

## 10) 국제감축 부문 ('30년) **-37.5백만톤 감축**

□ (추진방향) **적극적 사업 발굴과 신속한 추진으로 전 지구적 감축 기여**

□ 추진과제

○ **(기반구축)** 사업지침 정비, 민관합동 지원 플랫폼 활성화 등 이행 기반 마련

○ **(사업발굴)** 주요국*과 양자협정을 조기 체결하여 부문별 사업을 적극 발굴
   * 베트남, 몽골, 가봉, UAE, 인도네시아 등

# 3. 기후변화 적응대책

① 과학기반 기후위기 감시·예측 및 적응정보 고도화

○ **(감시·예측)** 지상관측망·위성을 활용하여 입체적 감시역량을 강화하고, 기후변화 상황지도를 활용하여 기후변화 예측 정보 제공

○ **(적응정보)** 폭염·홍수 등 위험요인별 기후위험지도를 구축*하고, 적응정보 종합플랫폼을 구축하여 부문별 적응정보 제공 일원화

   * 과거·현재·미래 기상·기후 변화에 따른 가뭄, 홍수, 산불 등 요인별 위험도 표출('24~)

② 적응 인프라·대응체계 개선으로 극한기후에 안전한 사회 실현

○ **(홍수·가뭄)** AI 활용 홍수 예보로 예보시간을 단축*하고, 가뭄취약지도 구축 및 침수·범람 방지 인프라 확충으로 대응력 강화

   * 홍수 경보시간 단축(3시간전 → 6시간전), 특보지점 확대('22년 75 → '27년 223개소)

○ **(폭염·한파)** 취약계층 대상 맞춤형 정보제공 및 무더위·한파 쉼터를 확대하고, 범부처 이상기온 대응·피해예방 대응체계 강화

○ **(대응체계)** 탄소중립기본법 개정 또는 ⁽ᵍᵃ⁾기후변화적응법 제정을 통한 법적 기반 강화, 산악기상관측망 구축 등 자연재난 정보제공 체계 강화

③ 보건·생활환경·농수산업의 변화를 극복한 지속가능한 사회 실현

○ **(보건)** 폭염·한파 대비 응급실 감시체계를 강화하고, 기후위기 기인 감염병 대응 기술개발* 확대

   * 기후변화 관련 매개체 감염병 발생기전 연구 및 진단 기술·치료 후보물질 개발 등

○ **(생태계)** 위성·센서 기반 모니터링*을 확대하고, 생물다양성 증진** 추진

   * 기후변화 지표종, 취약종, 교란종, 외래종, 유해종, 위해충 등 조사·분석
   ** 자생생물 조사·증식연구, 천연기념물·멸종위기종 유전자원 보전 및 인공증식·복원 등

○ **(농수산)** 농장맞춤형 기상재해 조기경보시스템을 확대 구축*하고, 기후 적응형 생산기술** 개발·보급

   * ('21) 40개 시군 → ('27) 155개 / ** 스마트온실(~'27년 10,000ha), 스마트축사(~'27년 11,000호) 등

④ 적응주체 모두가 함께하는 기후적응 추진

○ **(협력기반)** 시민사회·청년 등 모든 이행주체가 참여하는 거버넌스를 구축('23)하고, 적응사회 실현에 필요한 법적 기반 강화*

   * 적응주류화, 기관간 협력체계 구축, 적응주체별 구체적 적응대책 마련 등

○ **(취약계층)** 저소득층·고령층 등 기후위기 취약계층을 대상으로 에너지바우처 지급 등을 통해 부담을 경감하고, 보건복지 안전망 구축*

   * 노인 맞춤돌봄 서비스, 보건소 방문건강관리, 환경보건이동학교 운영 등

- 18 -

## 4. 환경과 공존하는 녹색산업 성장

① R&D 투자 확대와 상용화 지원을 통한 녹색기술 혁신

o **(기술개발)** 기후기술 기본계획 및 탄소중립 기술혁신 로드맵('22년)을
이행하고, 한국형 100대 핵심기술* 지속 육성

  * 에너지 전환, 산업, 수송, 건물·환경 4개 부문의 17개 분야를 대상으로 기술 선정

o **(상용화)** 연구개발특구*를 탄소중립 테스트베드로 조성('23~)하여
탄소중립 유망 신기술의 실증기반을 마련하고 조기 상용화 추진

  * 전국 19개(광역 연구개발특구 5개 + 강소 연구개발특구 14개)

o **(기반)** 범부처 **R&D** 컨트롤타워를 구축*하고, 전과정(기획~상용화) 관리** 강화

  * 탄소중립녹색성장위원회와 탄소중립기술특별위원회 간 유기적 연계 강화
  ** 민·관 협력을 통한 R&D 수요 지속 발굴 → 지역·기업과의 협업을 통한 실증 추진

② 탄소중립 시대의 지속가능한 녹색산업 생태계 구축

o **(기초·에너지산업)** 저탄소 소재·부품·장비 및 재제조산업을 육성*하고,
에너지신산업 핵심기술(수소에너지·태양전지·에너지저장장치 등)을 조기에 확보

  * 차세대 이차전지·반도체·바이오소재 등 기술 개발, 공급망 구축, 제품인증, 수요처 확대 등

o **(스마트 녹색산업)** 4차 산업혁명 기술(VR·AR 활용 원격운전 등)로 녹색산업을
혁신하고, 유망기업 지원* 및 스마트 생태공장 확대

  * '그린 스타트업 2000'을 통해 연간 400개사에 창업교육·멘토링, 사업화 등을 패키지로 지원

o **(규제합리화)** 민·관 협업으로 규제혁신 과제를 발굴·개선하고, 저탄소
기술 실증특례·임시허가 허용 및 재생e 입지·인허가 규제개선 추진

③ 탄소중립을 위한 녹색금융 활성화 및 기후리스크 대응 금융안정 확보

o **(지원확대)** 탄소중립에 대한 기후대응기금·정책금융 지원을 확대하고,
재정기능이 강화되도록 온실가스감축인지 예산제도 지속 개선*

  * 감축 → 배출·적응까지 대상범위 확대, 방법론 고도화, 지방재정 적용 등

o **(탄소중립금융)** 환경정보공개 대상기업을 단계적 확대*하고, 채권 외
금융상품에 대한 녹색분류체계 적용방안 마련 추진('23~)

  * 환경정보공개 대상기업 범위 : ('22) 자산총액 2조원 → ('30) 全 코스피 상장사

o **(기후리스크 관리)** 「기후경제 시나리오」를 마련('23)하고, 국민연금의
석탄채굴·발전산업 분야 투자 제한전략 시행방안 마련

  * 다양한 온실가스 배출 시나리오가 미래 거시경제·금융에 미치는 영향 분석

# 5. 정의로운 전환

① 정의로운 전환을 위한 사회적 기반 구축

○ **(제도·전략)** 전환 과정에서 피해를 입는 근로자·기업·지역에 지원하기 위한 법적 근거* 마련, 민관 합동 기후 테크 육성 전략 수립

    * 산업전환에 따른 고용안정 지원 등에 관한 법률 제정 추진

○ **(거버넌스)** 다양한 주체의 논의 및 소통을 통해 모든 이해관계자들이 의사결정과정에 참여할 수 있는 '정의로운전환 거버넌스'를 구축·운영

    * 청년, 여성, 노동자, 농어업인, 중소상공인, 시민사회단체 등

○ **(특별지구)** 지역·산업별 선제적인 영향조사*를 실시하고, 산업·고용상태 악화 우려지역은 '정의로운전환 특별지구'로 지정하여 지원

    * '23년부터 매년 4.7억원 규모로 추진 계획

○ **(지원센터)** 중앙·지방에 '정의로운전환 지원센터'를 설립·운영*하여 특별지구 지원모델 개발 및 컨설팅 등 지원

    * (중앙정부) 고용부 - 한국고용정보원, 산업부 - 한국산업기술진흥원
      (지자체) 특별지구로 지정된 지역별로 정의로운전환 지원센터 설립·운영

② 전환으로 인한 주요 영향집단을 촘촘하게 지원

○ **(산업·기업)** 중소·중견기업 등에 대한 선제적 지원체계를 구축하고, 맞춤형 컨설팅·금융 등 기업지원 수요대응 강화

    * '24년 일몰 예정인 사업재편제도 상시화, 맞춤형 사업 전환 컨설팅 등 추진

○ **(노동자)** 산업전환에 따른 위기업종 근로자의 고용안정을 지원하고, 재직자·실업자를 대상으로 맞춤형 훈련프로그램 제공

    * 산업전환 공동훈련센터 비용지원, 전직지원 서비스 실비 지원 등

○ **(농민)** 저탄소 농업활동에 따른 추가비용 및 소득손실분을 지원하고, '농식품기후변화대응센터' 설립('23~'26)을 통해 저탄소 농업기술 교육 확대

○ **(어민)** 탄소저감 활동·기술 수용성 제고를 위한 인센티브를 제공하고, 해상풍력에 대한 어업인 이익공유 모델 등 상생기반 조성

## 6. 지역 주도의 탄소중립 · 녹색성장 확산

① 상향식 탄소중립을 위한 이행체계 구축

o **(기반구축)** 지자체 기본계획 수립(재생에너지 보급 등)을 지원하고, 탄소중립 지원센터* 확대

  \* '22년 17개(광역) → '23년 37개(광역 17, 기초 20) → '27년 누적 100개소 설치·운영

o **(역량강화)** 국가 탄소수지 지도*를 구축하여 지역 온실가스 통계 정확도를 제고하고, 지역별 맞춤형 교육을 제공하여 기후대응 역량 강화

  \* 국가 배출원 전분야(에너지, 산업공정, 농업, LULUCF, 폐기물), 1km x 1km 단위

② 중앙-지역 소통협력 강화 및 지역단위 공공부문 선도사업 확산

o **(소통·협력)** 지역 탄소중립 컨퍼런스를 통해 우수사례를 확산하고, 중앙-지역 및 권역별 정기포럼 등으로 명확한 역할분담 및 상호협력 활성화

o **(지역사업)** 탄소중립도시(Net-Zero City, ~'30년 10개) 대표모델을 육성하고, 유역·상하수도 시설을 활용한 재생e 생산 및 탄소저감 산단 조성 확대

## 7. 탄소중립 · 녹색성장 인력양성 및 인식제고

① 저탄소 미래분야 인력양성을 통한 탄소중립·녹색성장 기반 구축

o **(맞춤형 인재양성)** 기후관련 학과·특성화대학원 등 대학 내 관련 학과 확대* 및 대학과 지역, 기업이 연계한 맞춤형 인력양성 지원

  \* 첨단분야 학과개설요건 유연화, 폴리텍대학 저탄소분야 학과 신설(~'26년, 연간 5개과)

o **(직업훈련 확대)** 저탄소 산업분야에 대한 훈련과정을 확대하고, 국가직무표준(NCS) 개발, 인력현황 조사·분석 등 추진

② 국민공감과 참여 유도를 위한 실천교육 및 홍보강화

o **(실천교육)** 학교 교육과정 내 탄소중립 내용을 강화하고, 학교 내 신재생에너지 설비 설치, 체험관* 등 학습의 장을 조성하여 전국민 교육 활성화

  \* 환경교육센터, 기상과학관, 기후변화체험관, 에코스쿨 등

o **(홍보강화)** 탄소중립 통합 정보제공 시스템 구축 등 쌍방향 소통 채널을 확대하고, 생활속 범국민 실천운동*으로 확산

  \* 탄소중립포인트제 확대, 탄소중립마을 조성, 공공·기업·시민사회간 협업 캠페인 강화 등

- 21 -

# 8. 탄소중립·녹색성장 분야 국제협력

☐ **(기후리더십 강화)** 기후 협상에서 선진국-개도국간 가교역할을 지속 수행하고, 감축 ,국제 탄소시장, 적응 등 주요 협상의제 논의에 적극 참여

☐ **(양·다자협력)** EU 탄소국경조정제도(CBAM) 등 新경제체제에 대응*하고, P4G 등 민관협력체 활동을 통해 우리나라의 기후대응 입지 강화

   * 국제통상규범(WTO/FTA) 합치성, 수출기업에 대한 차별 해소 등 적극 제기

☐ **(그린 ODA)** 그린분야 사업 확대*로 국제감축을 측면지원

   * 전체 ODA 중 그린 ODA 비중을 '25년까지 OECD 평균 이상으로 확대

# 9. 이행 및 환류체계 운영

☐ 범부처 상설 이행 협의체 운영

○ 탄녹위를 중심으로 중앙부처-지자체 상설협의체를 발족하고, 정례 회의 등을 통해 핵심과제 진행 상황 합동 점검 및 애로사항 해소

○ 다부처 관련 과제, 이행이 어려운 과제는 조기에 발굴하여 범부처 협의체를 중심으로 월별 계획 수립 및 이행

○ 이해관계자(청년·아동·미래세대 등)가 직접 목표 달성 점검에 참여하고 정책이행과정을 모니터링하여 정책 체감도 제고

☐ 감축목표·기본계획에 대한 법정 점검·평가 체계 운영

○ **(점검주체)** 탄녹위 위원장(환경부장관이 지원)

○ **(점검시기)** 매년 해당 이행연도의 다음 연도 하반기(12월)까지 완료

○ **(점검절차)** ①탄녹위 점검계획 수립 → ②소관부처의 이행실적 제출 → ③종합보고서 작성(환경부장관 지원) → ④결과보고 및 대국민 공개

# Ⅶ. 재정투자 계획 및 경제적 기대효과

□ 탄소중립·녹색성장 지원을 위해 향후 5년간('23~'27) **총 89.9조원** 이상 소요 추정

○ 5년간 부문별 감축 대책(54.6조원), 기후변화 적용대책(19.4조원), 녹색산업 성장(6.5조원) 등

○ **'23~'27년간 연평균 증가율은 약 11.5%**로, 과거 5년간 정부 전체 재정규모 증가율(연평균 8.0%) 수준 상회

(단위: 억원, %)

| 구 분 | '23 | '24 ~ '27 | 합계 | 연평균 증가율 |
|---|---|---|---|---|
| **합 계** | **133,455** | **765,738** | **899,193** | **11.54** |
| ▸부문별 중장기 감축 대책 | 79,480 | 466,283 | 545,763 | 11.48 |
| ▸기후변화 적용대책 | 29,856 | 164,213 | 194,068 | 9.43 |
| ▸녹색산업 성장 | 10,459 | 54,453 | 64,912 | 7.34 |
| ▸정의로운 전환 | 2,366 | 19,837 | 22,203 | 37.57 |
| ▸지역 탄소중립·녹색성장 | 4,602 | 30,319 | 34,922 | 25.36 |
| ▸인력양성 및 인식제고 | 5,999 | 26,881 | 32,881 | 2.11 |
| ▸국제협력 | 693 | 3,751 | 4,444 | 1.59 |

※ 구체적 투자 계획은 재정여건, 사업 타당성 등을 종합적으로 고려하여 변경 가능

---

**< 경제적 효과 분석 결과(한국환경연구원) >**

○ **(분석모형)** 단일국가 대상 **연산가능 일반균형 모형**(CGE 모형)*을 활용하여 2030 온실가스 감축경로 이행의 **경제적 효과 분석**

\* IPCC 제6차 평가보고서 등에서 온실가스 감축정책의 효과를 평가하는 주된 방법론

○ **(정책수단)** 탄소가격의 세수는 **고용지원에 집중 투자** 한다고 가정하여 분석

○ **(경제영향)** 기준경로(BAU)에 대비하여, **'30년까지 GDP는 유사**(연평균 0.01% 증가), **고용은 연평균 0.22% 증가** 예상

# 달라지는 미래 모습

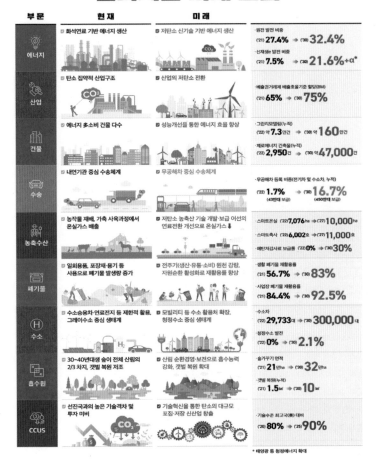

| 부문 | 현재 | 미래 | |
|---|---|---|---|
| 에너지 | 화석연료 기반 에너지 생산 | 저탄소 신기술 기반 에너지 생산 | ·원전 발전 비중 (21) 27.4% ➡ (30) 32.4%<br>·신재생 발전 비중 (21) 7.5% ➡ (30) 21.6%+α* |
| 산업 | 탄소 집약적 산업구조 | 산업의 저탄소 전환 | ·배출권거래제 배출효율기준 할당(BM) (21) 65% ➡ (30) 75% |
| 건물 | 에너지 多소비 건물 다수 | 성능개선을 통한 에너지 효율 향상 | ·그린리모델링(누적) (22) 약 7.3만건 ➡ (30) 약 160만건<br>·제로에너지 건축물(누적) (22) 2,950건 ➡ (30) 약 47,000건 |
| 수송 | 내연기관 중심 수송체계 | 무공해차 중심 수송체계 | ·무공해차 등록 비중(전기차 및 수소차, 누적) (22) 1.7% (43만대 보급) ➡ (30) 16.7% (450만대 보급) |
| 농축수산 | 농작물 재배, 가축 사육과정에서 온실가스 배출 | 저탄소 농축산 기술 개발·보급 어선의 연료전환 개선으로 온실가스 ↓ | ·스마트온실 (22) 7,076ha ➡ (27) 10,000ha<br>·스마트축사 (22) 6,002호 ➡ (27) 11,000호<br>·예한저감사료 보급률 (22) 0% ➡ (30) 30% |
| 폐기물 | 일회용품, 포장재·용기 등 사용으로 폐기물 발생량 증가 | 전주기(생산·유통·소비) 원천 감량, 자원순환 활성화로 재활용도 향상 | ·생활 폐기물 재활용율 (21) 56.7% ➡ (30) 83%<br>·사업장 폐기물 재활용율 (21) 84.4% ➡ (30) 92.5% |
| 수소 | 수소승화차·연료전지 등 제한적 활용, 그레이수소 중심 생태계 | 모빌리티 등 수소 활용처 확장, 청정수소 중심 생태계 | ·수소차 (22) 29,733대 ➡ (30) 300,000대<br>·청정수소 발전 (22) 0% ➡ (30) 2.1% |
| 흡수원 | 30~40년대생 숲이 전체 산림의 2/3 차지, 갯벌 복원 저조 | 산림 순환경영·보전으로 흡수능력 감화, 갯벌 복원 확대 | ·숲가꾸기 면적 (21) 21만ha ➡ (30) 32만ha<br>·갯벌 복원(누적) (21) 1.5㎢ ➡ (30) 10㎢ |
| CCUS | 선진국과의 높은 기술격차 및 투자 미비 | 기술혁신을 통한 탄소의 대규모 포집·저장 신산업 창출 | ·기술수준 최고국(美) 대비 (20) 80% ➡ (25) 90% |

* 태양광 등 청정에너지 확대

- 24 -

# 2023 기후 전망과 전략
10인과의 대화

**1판 1쇄 인쇄** 2023년 5월 4일   **1판 1쇄 발행** 2023년 5월 15일
**엮은이** 녹색전환연구소 **펴낸이** 전광철 **펴낸곳** 협동조합 착한책가게
**주소** 서울시 마포구 독막로 28길 10, 109동 상가 b101 - 957호
**등록** 제2015 - 000038호(2015년 1월 30일)
**전화** 02) 322 - 3238   **팩스** 02) 6499 - 8485
**이메일** bonaliber@gmail.com
**홈페이지** sogoodbook.com

ISBN 979 - 11 - 90400 - 45 - 9   (03300)

- 책값은 뒤표지에 있습니다.
- 잘못된 책은 구입하신 서점에서 바꾸어 드립니다.